WACHAU

Portrait einer kulinarischen Landschaft

Ein malerischer Spaziergang von Wilhelm Schwengler

Essay von Christoph Wagner

Fotos von H. P. Kumpa

Guide-Verlags-Anstalt

Wie keine andere österreichische Landschaft vereinigt die Wachau drei Eigenschaften, die sie zu einer wahrhaft sinnlich-kulinarischen Landschaft machen: Da ist zunächst einmal das Weinland Wachau, in dem die Kultivierung des Rebensaftes auf eine fast zweitausendjährige Tradition zurückblicken kann. Zum zweiten ist die Wachau eine alte Kulturlandschaft, in der die abendländische Zivilisation von der Römerzeit über das Mittelalter bis in die Barockzeit ihre unauslöschlichen Spuren hinterlassen hat. Und schließlich ist da – last not least – die Tradition der Wachauer Küche, die es besonders in den letzten Jahren verstanden hat, ländlichen Charme mit Kreativität und zeitgemäß leichter Zubereitung zu verbinden.
Das einmalige harmonische Zusammenspiel dieser Komponenten stand am Beginn unserer Überlegungen für dieses Buch. Angeregt wurde es durch Wilhelm Schwengler, der ebenfalls zwei Seiten des Wachauer Wesens in einer Person verkörpert. Einerseits ist er als Direktor der Winzergenossenschaft Domäne Wachau eng mit dem Wachauer Weinbau verbunden. Und andererseits hat er sich als subtiler Landschaftsmaler einen Namen gemacht, der es wie kein anderer schafft, mit feinem Pinselstrich der Wachauer Landschaft immer wieder neue Facetten abzugewinnen.
Es bedurfte keiner langen Überlegung, wie der Bildteil dieses Buches zu gestalten war: Ein „malerischer Spaziergang“ mit Wilhelm Schwengler, einem profunden Kenner und Liebhaber der Wachauer Landschaft, bot sich geradezu an. Der historisch-informative Essay von Christoph Wagner, die Fotografien von Peter Kumpa sowie die zahlreichen für dieses Buch verfaßten Rezepte von Österreichs besten Köchen sollen dieses Porträt kulinarisch abrunden und aufzeigen, daß es sich hier um ein landschaftliches Kleinod handelt, um das uns die Welt zu Recht beneidet.

Michael Reinartz

„In dem Gebürg, so man Wachau nennt“

Essay von Christoph Wagner

Die vier Herren, die da auf schwerem Barockgestühl rund um einen Kartentisch Platz genommen haben, tragen nicht gerade Freizeitdress. Ihr Ornat verheißt Standesbewußtsein, auch ein hoher Geistlicher ist darunter. Das verrät allein schon der Prälatenchapeau, den er über die Allongeperücke gestülpt hat. Neben den Karten, deren Studium sich das spielfreudige Quartett so beflissen hingibt, verbindet die vier Herrschaften noch ein weiteres: ein Becher Wein, mit dem sie einander zuprosten. So, als wollten sie sagen: „Lassen wir unsere Würden und Bürden zwischenzeitlich ruhen und geben wir uns – nicht ohne den gebührenden Ernst – den schwereloseren Seiten unseres Daseins hin."

Mit dem Vergnügen war es dem Dürnsteiner Propst Hieronymus Übelbacher, dessen Kartenpartie man heute noch als Fresko in der Sonnenuhr unter dem Giebel des Dürnsteiner Kellerschlößls bewundern kann, nämlich in der Tat Ernst. Sinnenfreude bedarf der Überlegung, der Reflexion, des Meditierens und des Nachdenkens. Wer das Bildnis des berühmten Wachauer Kirchenmannes auf der Pröpstetafel im Kreuzgang der Stiftskirche zu Dürnstein länger betrachtet, der wird diesem Eindruck zustimmen. Hinter der entschlossen nach vorne gewölbten Mundpartie und der kantigen Stirn verbirgt sich unter buschigen Brauenwülsten ein bis in die letzten Fältchen und Winkel verschmitzter Blick, der den Propst als beinahe janusgesichtig ausweist: Hier der Kirchenfürst im vollen Bewußtsein der neuerstarkten Vitalität und Macht seines Amtes im Lichte der überstandenen Türkennot und der Gegenreformation, dort der kunstsinnige und lebensfrohe Epikureer, der Abstand zu den Dingen zu halten weiß, dem das Vergnügen ein nicht minder zu zelebrierendes Ritual ist als eine sakrale Handlung, und der sich zu den Stürmen seiner Epoche jenes spitzwinkelige Augenmaß bewahrt hat, das den „satyrisch" veranlagten Menschen auszeichnet.

Satyren aus der Feder des Propstes Hieronymus findet man denn auch heute noch im Inneren des Schlößls, das

Übelbacher übrigens als Lust- und Kellerhaus beim „vülleicht führnehmsten Baumeister" des damaligen Reiches, Jakob Prandtauer, in Auftrag gegeben hatte. In Versen, die weniger auf Geschmeidigkeit denn auf Pointiertheit Wert legen, postuliert der Propst sein kulinarisches Credo: „Wein ist alles" und „Wein ist über alles". Was sich in Reimen dann so liest:

„Man schreibe dieses noch auf meinen leichenstein
wein, wein, wein, wein, wein, wein, wein, wein, wein,
wein."

Deutlicher sieht man barocke Lebenslust und das Bewußtsein eines allgegenwärtigen „Memento mori" (Bedenke, daß du sterben mußt) kaum jemals in unmittelbarer Nachbarschaft verbunden, ja ineinander verwoben. Unauslöschlich punzierte hier einer, der das Wesen des Barock selbst voll auslebte, das Antlitz einer Epoche in ein Bauwerk. Man findet diesen Geist im schillernden Kaleidoskop der Chinoiserien und Stichfolgen wieder, in denen groteske Zwergenfratzen an den Wänden der Ebenmäßigkeit von Prandtauers Architektur einen Zerrspiegel vorzuhalten scheinen. Man findet dieses Antlitz jedoch um nichts weniger in jenen geistlichen Thesenblättern, die Hieronymus in späteren, vielleicht etwas weniger vergnügten Jahren in seinem Lusthaus anbringen ließ. Da wetteifern das Blutwunder Papst Gregors, der hl. Josef mit dem Jesuskind und das Martyrium des hl. Stephanus mit den Galanterien der Schäferidyllen im selben Raum um die Gunst des Betrachters, dessen metaphorische Belastbarkeit hier bis an die Grenzen des Möglichen gefordert wird.

Ähnlich wie der Mensch des barocken Zeitalters lebt auch das Dürnsteiner Chorherrenschlößl aus seinem Bauch heraus: aus jenen labyrinthisch verschlungenen, fast einen Kilometer langen Kellergängen unter dem Gebäude, für deren Anlage Prandtauer insgesamt fast drei Jahrzehnte verwendete. Und es ist gewiß kein Zufall, daß das Lustschloß des Propstes Hieronymus keineswegs als Chorherren-, sondern als Kellerschlößl in den

Volksmund und somit in die Geschichte dieser Region eingegangen ist.
Biographien wie jene von Propst Übelbacher wären ohne das landschaftliche Umfeld, in das sie eingebettet sind, gänzlich undenkbar. So wie der Boden dem Wein seine Kraft, sein unnachahmliches Bukett verleiht, so prägt er auch die Menschen, die hier leben, heitert ihre Gesichter auf und enthebt ihr Gemüt jeder Erdschwere, macht sie zu Kennern, die sowohl zu genießen als auch Genuß zu vermitteln verstehen. Kurzum: Diese Szenerie scheint von Anfang an dafür geschaffen worden zu sein, dereinst mit dem Etikett „kulinarisch" ausgezeichnet zu werden. Der große Gastrosoph Anthelme Brillat-Savarin hat einmal von „sinnlicher Vorausbestimmung" gesprochen. Und wenn es einzelnen Landstrichen und deren Menschen vergönnt ist, dermaßen als Kristalle inmitten dumpfen Gesteins sinnlich prädeterminiert zu sein, so zählt die Wachau ganz sicher dazu. Schon die Geologie trägt das Ihre dazu bei. Es ist eine besonders alte Gesteinsformation, von der hier die Rede ist. Genau genommen zählt die Wachau als südlichster Ausläufer zum erdgeschichtlich ältesten Teil Österreichs, dessen Rumpfschollen vor nunmehr bereits 290 Millionen Jahren aus der Erdkruste gefaltet wurden. Ein Detail, dessen wir uns erinnern sollten, wenn uns – fast selbstverständlich – das Wörtchen „Urgesteinsriesling" über die Lippen kommt.
Daß die Wachau nicht nur an einem Ufer von den stufenförmig wolkenwärts führenden, wie abgesteppt wirkenden Terrassen gesäumt wird, verdankt sie ebenfalls einer geologischen Besonderheit. Unterhebt doch der Granit des Böhmischen Massivs an dieser Stelle den Donaustrom, um sich im Dunkelsteiner Wald zungenförmig weiter in die Molasse des Alpenvorlandes hineinzugraben.
Auf diese Weise kommt die Donau über eine Strecke von fast 35 Kilometern zu jenen beiden tragflügelartig aufragenden Uferflanken, die immer wieder mit Worten wie

„bukolisch“, „dionysisch“ oder gar „arkadisch“ beschrieben werden.

Aber was ist „die Wachau“? Ist das ein topographisch exakt zu bestimmender Terminus? Ist es eine historisch gewachsene Schicksalsgemeinschaft von Menschen, verbunden durch eine gemeinsame Landschaft und Kultur? Ist die Wachau ein leicht zugänglicher Extrakt österreichischer Kunstgeschichte, eine Art Reader's-Digest-Fassung von Österreichs Burgen, Schlössern und Klöstern? Oder ist sie ein großes Amüsierparadies, mit bunt bewimpelten Donaudampfern, einladenden Reisigkränzen an den Buschenschanken, schönen alten Landgasthöfen und Luxusrestaurants, Schloßhotels und unerschöpflichen Möglichkeiten zum Wasserskifahren? Die Wachau ist sicherlich etwas von alledem, ein impressionistisches Gemälde aus ungezählten, zart hingetupften Pinselstrichen, jeder einzelne schillernd, farbenfroh und aufregend. Oder sie ist einem hinreißend komponierten Gericht vergleichbar, voll von edelsten Ingredienzien, die allerdings nur in ihrem Zusammenspiel vollendete Harmonie und damit vollkommenen Genuß ermöglichen. Man fragt nicht: Was ist drin? Man läßt vielmehr die Gesamtheit der Geschmackseindrücke auf den Zungenpapillen zu einem Gaumenabenteuer zusammenfließen. Der Vergleich drängt sich auf: Die Wachau ist ein Landstrich, den es nicht nur zu erleben, zu besichtigen, zu genießen gilt, sondern im wahrsten Sinne des Wortes zu verkosten, wie einen edlen Wein.

Was sich uns heute als Wachau präsentiert, war nicht immer ein so klar definiertes, geschlossenes landschaftliches Gebilde. Zwar trugen die Steilhänge an beiden Seiten der Donau zu Römerzeiten schon Weinreben, doch lag diese Region am strategisch neuralgischen Limes-Wall. Und es mag damals in der Wachau wohl mehr Gemetzel zwischen Germanen und Römern gegeben haben als bacchantische Gelage. Die Zeit der Christenverfolgung zog übers Land (der Märtyrer Florian stammte aus dem nahen Cetium), und obwohl in einer Urkunde aus der Zeit des hl. Severin, der von Mautern aus die Donaulande christianisierte, das Wörtchen „ad vineas“ zu lesen ist, scheint der Weinbau der alten Römer durch zahlreiche Zerstörungen der germanischen Invasoren doch weitgehend in Vergessenheit geraten zu sein.

Wenn einige Jahrhunderte später, am 6. Oktober 830, das geheimnisvolle Wörtchen Uuachauua in einer Mönchshandschrift auftaucht, ist das Donautal an dieser Stelle jedoch bereits wieder ein „nobilis et fertilis districtus“, wie es später einmal vom Kuenringer Leuthold bezeichnet werden wird. Wobei kein Zweifel daran besteht, daß sich die Adjektiva „nobilis“ und „fertilis“ – vornehm und fruchtbar – nicht zuletzt auf die Art der Reben, aus welchen hier der Wein gekeltert wurde, beziehen.

Daß der Name Wachau ursprünglich nicht das ganze Gebiet, sondern nur ein punktuell einzugrenzendes Fleckchen bezeichnete, geht schon aus seiner sprachgeschichtlichen Entwicklung hervor. Vermutlich handelte es sich dabei um einen jener vorgeschobenen Wachposten, die in der Au gegen versprengte Awarenhorden installiert wurden. Aus der Wache in der Au ist dann irgendwann einmal die Wachau geworden. (Es gibt auch noch eine andere linguistische Lesart, die das „wach“ in der Wachau auf das alte deutsche Wort „vahen“ zurückführt, was soviel wie Fische fangen bedeutet. Möglich also auch, daß die Wachau in ursprünglicher Bedeutung das Gebiet der „Fischer in der Au“ bezeichnete.)

Gleichgültig jedoch, ob friedliebende Donaufischer oder martialische Späher gemeint waren, das Wörtchen Wachau benannte nur jene Gegend, die 865 mit den Worten „ad Spitzun“ bezeichnet wird, also die Ortschaft Spitz, deren Eigentumsrechte damals an das Donaukloster Niederalteich übertragen wurden. Die Tradition, die Wachau unter geistliche Verwaltung zu stellen, wurde hiemit für lange Zeit begründet. Es gab Zeiten, in denen bis zu dreißig Äbte und Bischöfe zu den Grundherren der Wachau zählten. Und da in geistlichen Zentren stets auch Platz für die sinnliche Komponente des Daseins war, entwickelte sich der Weinbau in den folgenden Jahrhunderten beträchtlich weiter. Die Salzschiffer, von denen die Donau bald zu einer der wichtigsten Handelsstraßen erhoben wurde, erwiesen sich als treue Wachau-Einkehrer, und der Bedarf am Saft der Reben stieg sprunghaft an, wie es eben so ist, wenn Weltgeschichte und Weingeschichte einander ein fröhliches Stelldichein geben. Bald reichten die Weingärten nicht mehr aus, Wälder mußten gerodet, Weinterrassen angelegt werden. Der relative Friede, der nach der Schlacht am Lechfeld im Jahre 955 in der von den Babenbergern sorgsam verwalteten Talschaft eingekehrt war, ermöglichte einen kontinuierlichen Ausbau der Rebfläche, dem die Wachau zum größten Teil ihr heutiges Gesicht verdankt.

Der Name Wachau jedoch verbarg sich bis zum Jahr 1250 schüchtern in den handgeschriebenen Codices einer Klosterbibliothek. Als er jedoch wieder, diesmal als „Thal Wachau" ans Tageslicht der Historie zurückkehrte, hatte er seine begriffliche Ausdehnung beträchtlich erweitert. Nunmehr offizielle Herrschafts- und Magistratsbezeichnung, grenzte er ein Gebiet zwischen dem Watstein und St. Michael ab, dem die Ortschaften St. Michael, Wösendorf, Joching und Weißenkirchen angehörten. Dürnstein zählte damals noch nicht dazu, obwohl es Sitz der Herrschaft über das „Thal Wachau" war. Der schon erwähnte Leuthold I. von Kuenring nannte sich damals „Hauptherr der Wachau". Und in dieser Zeit entstand wohl auch jene (durch die Historie längst widerlegte) Legende, die die Wachau als Raubritterpfuhl der schlimmsten Sorte denunzierte, in der kein durchreisender Kaufmann seines Lebens und Gutes sicher war. Schauermärchen wie jenes vom Rosengärtlein zu Aggstein, wo der Scheck vom Walde seine Feinde vor die Wahl zwischen Hungertod und Selbstmord auf einem über eine Schlucht ragenden Felszinken stellte, verwoben sich zu einem Gesamtbild der Kuenringer, das nichts mit der historischen Wahrheit dieses recht ehrbaren Geschlechtes von soliden Verwaltern zu tun hat. Brief und Siegel waren viel eher das Handwerkszeug der Kuenringer als Daumenschrauben und Streckbank.

Dennoch sind es – neben den unbestreitbaren landschaftlichen Qualitäten – vor allem solche Schauermärchen, die die Wachau im 19. Jahrhundert geradezu zu einem Wallfahrtsort romantischer Denkweise machten. Verfügte dieser Landstrich, der Landschaftsmaler wie Rudolf Alt gleichermaßen in seinen Bann schlug wie romantische Abenteurernaturen vom Schlage des Reise-Schriftstellers Kyselak, doch über sämtliche Versatzstücke einer bilderbuchartig aufgeblätterten Märchenwelt, wie sie dem damaligen Zeitgeist entgegenkam. Da war das malerisch abbröckelnde Gemäuer mittelalterlicher Bergfriede auf den waldumschatteten Burgruinen, da gab es die finsteren Zisternen, die in die Unendlichkeit hinab zu führen schienen. Da fand man alte, trutzige Wehrkirchen, Kartausenruinen, moosüberwachsene Treppen, Kellergewölbe, aus denen wilder Pflanzenwuchs wucherte, aufgebrochene Treppelwege, die vom Blut geschundener Zugtiere getränkt schienen, seltsame Kirchendächer, wie jenes von St. Michael, auf dem alte heidnische Symbole wie die berühmten „sieben Hasen“ hocken, dräuende Felswände, wie die mythenumwobene Teufelsmauer bei Schwallenbach, die der Teufel selbst errichtet haben soll; die Wachau war dem Fundus eines Theaters vergleichbar, das sich auf die Aufführung heroischer Ritterspektakel spezialisiert hat. Nichts fehlt, vom scheppernden Harnisch bis zum Spitzentüchlein, mit dem das Burgfräulein vom Söller winkt.

Weniger an der Geschichte der Wachau war man dazumal interessiert, als an den Geschichten, von denen diese kulinarische Kulturlandschaft wie durchsogen schien. Niemand interessierte sich ernsthaft für jenen

Britenkönig Richard I., der – infolge eines politischen Kuhhandels – von Weihnachten 1192 bis Ostern 1193 auf „Dirmstein, Dirnstein oder Dürrenstein", wie der Chronist berichtet, gefangen gehalten wurde, bis man ihn zwecks Erpressung eines Lösegeldes auf die Reichsburg Trifels im Pfälzerwald brachte. Da glaubte man schon viel lieber die hübsche Sage vom blondgelockten jungen Engländerkönig, der beim Hendlbraten vom Babenbergerherzog Leopold V. festgenommen wurde, weil er beim Kampf um die Feste Akkon im Heiligen Land dessen Fahne verspottet hatte. Dann, so geht die Mär weiter, sei der Richard mit dem Löwenherzen so lange in einem Turm der Feste Dürnstein geschmachtet, bis er von seinem getreuen Diener Blondel am Absingen eines alten Liedes erkannt wurde. Der wackere Troubadour habe schließlich das Lösegeld aufgetrieben und den jungen König wieder zurück zu seinem Freund Robin Hood gebracht, der während der Abwesenheit Richards im Sherwood Forest Revolution gespielt hatte.

Das klingt selbstredend wesentlich hübscher als die historische Wahrheit, und wer sich heute im Dürnsteiner Hotel Löwenherz oder im danebenliegenden Gasthaus „Zum Sänger Blondel" seinen Braten schmecken läßt, der kann mit wohligem Schaudern an die Chronik des Otto von Sankt Blasien zurückdenken, der die Gefangennahme des Königs Löwenherz so beschrieb: „Der Hunger trieb Richard in eine Herberge in der Nähe Wiens; um hier nicht erkannt zu werden, verrichtete er Knechtes Dienste und mühte sich mit Küchenarbeiten, briet ein gemästetes Huhn auf hölzernem Spieße, den er mit der Hand drehte. Er hatte aber vergessen, einen herrlichen Ring von seinem Finger zu ziehen", der ihn – so läßt sich denken – an die Häscher des rachedurstigen Babenbergers verriet.

An all das mag die muntere Festgemeinde gedacht haben, die das Schauspiel Wachau im Jahre 1837 von der Reling des Dampfers „Maria Anna" aus beobachtete. Mit dröhnenden Nebelhörnern wurde dazumal das

Startsignal für die Ära der Donaudampfschiffahrt gegeben. Und seit es die Donaudampfschiffahrt gibt, weiß jedes Kind: Hinter Melk beginnt die Wachau, und vor Krems hört sie wieder auf. Oder, wie man's im Geographiebuch liest: Die Wachau ist die Donaustrecke *zwischen* Melk und Krems. Weiß es wirklich jedes Kind?

Da gibt es doch immer wieder alle diejenigen, die meinen, Krems gehöre doch „noch" zur Wachau, ebenso wie Melk „schon" ein Teil derselben sei. Nun: Großzügigkeit mag ja eine durchaus schätzenswerte Eigenschaft sein. Dort, wo es um die Würdigung historischer und geographischer Fakten geht, ist sie allerdings fehl am Platz. Krems ist ohne Zweifel eine der schönsten Städte Österreichs, geradezu ein Museum unter freiem Himmel, und der Wachau durch eine gemeinsame Geschichte innig verbunden. Aber ein Teil der Wachau – das ist Krems ebensowenig, wie Wien im Wienerwald liegt. (Das österreichische Weingesetz trägt diesem Umstand bis heute Rechnung, indem es das Weinbaugebiet Wachau klar und deutlich vom Weinbaugebiet Krems abgrenzt.) Die Wachau ist für Krems, was die Albaner Berge für Rom, die Downs für London und die bayerischen Seen für München sind: ein bezauberndes Umland, ein Refugium für Städter, eine Landschaft zum Atemholen von Hektik und Betriebsamkeit.

Die geographische Bezeichnung für „die Wachau" hat sich in der Romantik herausgebildet und in den letzten 100 Jahren nicht verändert, auch wenn sich Grenzen verschoben haben, Ortschaften zusammenwuchsen und sich aus den ehemaligen Weilern eigene Gemeinden entwickelten. Und während Krems im Laufe der Zeit auf eine Einwohnerzahl von etwa 23 000 Einwohnern (laut Volkszählung 1981) angewachsen ist, zählt die Wachau nur schwache 7000 Seelen. Wenn im Prospekt eines bekannten Kremser Hotels von der alten Donaustadt als dem „Kleinod der Wachau" die Rede ist, so wird also ein historisch gewachsenes Verhältnis verwischt. (Noch die

1895 zum 900. Jubiläum der Stadt Krems erschienene Festschrift des städtischen Museums definierte die Wachau als „Stromstrecke zwischen Melk und Dürnstein".) Schon eher könnte man die Wachau als das „Kleinod von Krems" bezeichnen. Krems und die Wachau, das sind zwei Schmuckstücke, getragen von einer schönen Frau: ein städtebauliches und ein Landschaftsjuwel. Und wenn man diesen Vergleich weiterführen möchte, so läßt sich auch noch hinzufügen: Beide Juwelen sind durch den Donaustrom edel gefaßt, beeindrucken jedoch jedes für sich durch einen individuellen Glanz. Oder, wie es der Leiter des Kulturamtes der Stadt Krems, Univ.-Prof. Dr. Harry Kühnel, unlängst formuliert hat: „Krems liegt im Schnittpunkt unverwechselbarer niederösterreichischer Landschaften." Und man darf wohl hinzufügen: Die schönste davon ist die Wachau.

Der Topograph hat es ohnehin leichter als der Historiker, den Begriff „Wachau" exakt zu definieren. Für eine Grenzbestimmung bieten sich nämlich vier recht leicht erkennbare Eckpfeiler in der Landschaft an. Am Wachaueingang sorgt der Donaufelsen von Melk, der sich majestätisch in den Donauwellen widerspiegelt, für eine recht eindrucksvolle Pforte, deren natürliches Gegenstück am anderen Donauufer die Ortschaft Emmersdorf bildet. Auch am Ausgang der Wachau sind es zwei massive Gesteinsformationen, die einen landschaftlichen Abgesang auf das Erlebnis Wachau intonieren: auf der Kremser Seite fällt der Pfaffenberg hinter dem alten Förthof steil zum Flußbett ab, gegenüber markiert der Donaufelsen bei Hundsham eine landschaftliche Zäsur. Neben der Historie und der Topographie gibt es jedoch noch eine dritte Möglichkeit, das Phänomen Wachau in den Griff zu bekommen, und die ist wahrscheinlich die schlüssigste von allen. Erraten? – Die Rede ist vom Wachauer Wein.

Nur zwanzig der fast fünfunddreißig Kilometer Stromstrecke dienen dem Weinbau. Der Rest verliert sich in gräulich-grünen Aulandschaften, dämmrigen Waldzungen und sich prall entfaltenden Obstbaumkulturen. Dennoch ist der Wein allgegenwärtig: in den alten Winzerhäusern mit ihrem oft noch gotischen Baukern, im vom Rebensaft durchtränkten Volksleben und im Brauchtum: vom Wetterschießen bis zu den Weinlesefesten, an denen die Frauen ihre in Rosarot und Himmelblau gehaltene Festtagstracht mit den berühmten Wachauer Brettlhauben anlegen. Der Wein bestimmt jedoch auch die Alltagskleidung der Weinbauern: Kalmuckjanker, Kniehosen und Wadenstiefeln. Oft findet man auch den seit Jahrhunderten üblichen blauen Arbeitsschurz, die „Firta". Funktionelle Bekleidung also, die dem harten Arbeitsalltag des Winzers entspricht. Altes, oft noch in heidnische Zeiten zurückgehendes Brauchtum beweist, wie tief verwurzelt die Weinkultur in den Herzen der Wachaubewohner ist. So sucht manche alte Wachauerin noch Jahr für Jahr den sogenannten „Herrgottsmugel", die jeweils größte Traube eines Lesejahres. Bei den Weinhüterumzügen findet man die alten „Hiatapritschen", kranzartige alte Fruchtbarkeitssymbole, mit Bändern, Nüssen und allerlei Brauchtumsgebäck behängt.

Der Wein hat die Landschaft schließlich sogar etymologisch geprägt. Zahlreiche Namen von Landschaftsteilen und vor allem von Rieden lassen keinen Zweifel an ihrer Herkunft, etwa der berühmte Kellerberg, der Riesling-, Veltliner- und Muskattrauben in bester Lage gleich hinter dem Dürnsteiner Kellerschlößl heranreifen läßt. Das berühmteste Beispiel für eine „sprechende" Landschaftsbezeichnung ist der Tausendeimerberg bei Spitz, über den die Chronik des Johann Hermann Dielhelm schon 1785 zu berichten weiß, es handle sich dabei um einen „puren Weinberg, worauf zuweilen jährlich tausend Eimer Wein gekeltert werden".

Noch viel älter ist die Erwähnung einer Ried namens „Ritzling" im Jahre 1301. Der bei Joching gelegene

Weingarten trug seinen Namen vermutlich nach einem gleich daneben fließenden Bächlein und einem — vom Sog der Jahrhunderte wieder hinweggespülten — kleinen Weiler gleichen Namens. Ein Blick in die deutsche Lautlehre gibt Auskunft darüber, daß die phonematische Entwicklung vom „Ritzling" zum „Riesling" sprachgeschichtlich durchaus möglich ist. Und man muß schon ein besonders schlechter Lokalpatriot sein, wenn man das nicht als schlüssigen Beweis auffaßt, daß die Wiege der Riesling-Rebe hier im Herzen der Wachau, bei Weißenkirchen, ihren Ursprung hat.

Riesling und Veltliner sind bis heute die beiden wichtigsten Rebsorten der Wachau. Untrennbar sind ihre Namen mit Rieden wie Achleiten, Klaus, Vorderseiber, Heizenleithen, Hollerin oder dem legendären Wachauer Lichtgartl verbunden. Daneben wird freilich auch noch sortenreiner Weißburgunder, Neuburger, Müller-Thurgau und — in beschränktem Ausmaß — auch Rotwein gekeltert. Wachauer Wein — das war schon immer so etwas wie ein ganz besonderes Aushängeschild Österreichs. Und es ist wohl alles andere als ein Zufall, daß die Vertreter der Signatarstaaten den österreichischen Staatsvertrag unterschrieben, während sie einander mit einem „Dürnsteiner Katzensprung" oder einer „Dürnsteiner Hollerin" zuprosteten. Beide Weine stammten aus den Kellern der „Winzergenossenschaft Wachau", die nichts anderes ist als die legitime Nachfolgerin einer der größten Domänen im deutschsprachigen Raum, deren Ursprung noch in die karolingische Zeit zurückreicht. Genossenschaft — das klingt heutzutage häufig zu Unrecht etwas kollektivistisch und widerspricht dem Faktum, daß hier ganz individuelle, typische Weine gekeltert werden, wie sie ein kleines Weingut nicht besser zustandebrächte. „Domäne Wachau" — das wäre daher auch heute wohl der noch zutreffendere Name.

Der Ursprung dieser Domäne, der bis heute etwa 800 Mitglieder angehören, die 60 Prozent der Ernte in der

Wachau einbringen, liegt in grauer Vorzeit. Nicht umsonst gilt Kaiser Karl der Große bis heute als „Urvater der Wachau", denn es begann unter seiner Ägide, daß die Wachauer Berge bis zu einer Höhe von 400 Metern gerodet und durch Steinterrassen mit unendlicher Mühe zu Felsenweingärten ausgebaut wurden. Einer Blüte des Weinbaus in der Zeit des Hoch- und Spätmittelalters folgte ein jäher Niedergang in den Jahren 1500 bis 1648. Die Pest rottete die Bevölkerung ganzer Ortschaften aus, die Türken verwüsteten das Land, und die Wirren des Dreißigjährigen Krieges taten ein übriges, um den Wachauern Lebensfreude und Unternehmungslust gründlich auszutreiben. Fazit: Die Weingärten lagen brach, es fehlte an sachkundigen Winzern, um sie neu zu bewirtschaften, edle Reben mußten reichlich primitiven Gewächsen weichen, die den Wachauer Wein vorübergehend in einen recht schlimmen Ruf brachten: Der „Weinwuchs in dem Gebürg, so man Wachau nennt", liest man noch 1649 in den Erläuterungen zur Merianschen Topographie, sei „die meisten Jahr durch insgemein ziemplich sauer". Erst gegen Ende des 17. Jahrhunderts – die Barockzeit nähert sich ihrem Kulminationspunkt – geht es auch mit der Wachau wieder aufwärts.

Mit zahlreichen in die neu angelegten Weingärten eingebetteten Barockbauten entsteht jene Kulisse, die viel später Hugo von Hofmannsthal und Max Reinhardt darüber nachdenken lassen wird, ob man die Salzburger Festspiele nicht lieber in der Wachau stattfinden lassen sollte. Womit wir wieder bei unserem bereits eingangs erwähnten Propst Hieronymus Übelbacher und seinen kartenspielenden Freunden wären. Wer waren die doch gleich?

Selbstredend der Schlößl-Baumeister Jakob Prandtauer, und dann noch der Künstler, der diese Kartenpartie auf einem Fresko festhielt: Wolfgang Ehrenreich Priefer von Miespach. Er hat sein Werk selbst signiert. Wer aber war der Vierte im Bunde, jener noch recht jugendliche

Herr im roten Husarenrock, der auf einen Offiziersrang schließen läßt? Ihm war sogar der Ehrenplatz zur Rechten des Propstes vorbehalten.
Nun, die Historiker haben auch dieses Rätsel gelöst. Ohne Zweifel handelt es sich um den Majoratsherren Reichsgraf Konrad Sigmund Adam von Starhemberg, zu dessen umfangreichen Besitzungen auch die Herrschaft Dürnstein zählte. Wer weiß, ob bei der Kartenpartie wirklich nur über Pik-As und Herz-König palavert wurde, und ob da nicht vielleicht mitunter auch von recht handfesten Geschäften die Rede war?
Das letzte Geschäft mit den Augustiner Chorherren machten dann jedoch die Nachfahren unseres Kartenspielers, etwa ein Jahrhundert später. Als das Chorherrenstift zu Dürnstein (zu dem auch die Besitzungen und Weingärten des bereits 1571 aufgelösten Clarissinnen-Klosters gehörten) unter Josef II. im Jahre 1787 säkularisiert wurde, sahen die Starhemberger die Chance, ihre bereits bislang nicht unbeträchtlichen Wachauer Besitzungen noch um ein erkleckliches Stückchen zu erweitern. So kam es, daß sich bereits damals der überwiegende Anteil aller Wachauer Winzer, und sei's nur als Pächter, in einem einzigen Verband befand.
Doch auch die große Zeit des Starhemberg'schen Grundbesitzes ging einmal zu Ende. In den dreißiger Jahren dieses Jahrhunderts – das Dritte Reich warf lange Schatten voraus – sah sich Ernst Rüdiger Fürst von Starhemberg nach Käufern für seinen 600 Viertel Joch großen Besitz, eine der größten geschlossenen Weindomänen Europas, um. Ein Modus für den Verkauf war bald gefunden: Die ehemaligen Pächter wurden Besitzer und schlossen sich, da sie nunmehr ja eine eigene Verkaufsorganisation benötigten, 1938 in der „Winzergenossenschaft Wachau" zusammen.
So kam es, daß der Wachauer Weinbau nicht nur das Heilige Römische Reich Deutscher Nation und die Donaumonarchie, sondern auch die Zeit des Nationalsozialismus im Gründungsumfang überlebte und somit seine

weit zurückreichende Tradition in die Zeit der Zweiten Republik herüberretten konnte. Gerettet konnte übrigens auch das barocke Kleinod des Kellerschlößls werden, in dem die WG Wachau heute ihren Hauptsitz hat. Da die Starhemberger es kaum bewohnten und niemals umbauen ließen, präsentiert es sich seinen Gästen heute – bestens instandgehalten – bei Weindegustationen exakt in jenem Zustand, in dem Propst Hieronymus Übelbacher es seinerzeit hinterlassen hatte. Hier hat sich das Rad der Geschichte nicht weitergedreht.

Ähnliches gilt übrigens auch für die Kellergewölbe, die man über eine imposante Treppe erreicht. Allein der Hauptstollen, in dem es im ganzen Jahr eine konstante Temperatur von etwa 10 Grad Celsius hat, ist über 400 Meter lang. Zählt man alle Nebenstollen dazu, so kann man sich in diesem Weinkeller, der mit 1,2 Millionen Liter Holzfaßkapazität der wohl größte Holzfaßkeller im deutschsprachigen Raum ist, fast einen Kilometer lang ergehen.

Es ist kein Weinkeller wie jeder andere, dem man hier begegnet. Natürlich gibt es hier auch das Faß- und Flaschenlager mit einer Lagerkapazität von 110 000 Hektolitern, was drei Durchschnittsernten entspricht. Auch das ist ja ein Teil der Qualitätspolitik der Wachauer: Nachdem sich in den letzten Jahren eine immer ausgeprägtere Altwein- und Jahrgangsweinkultur entwickelt hat, kann die WG Wachau durch den ausgeweiteten Lagerbestand auch diesem neuen Konsumentenbedürfnis entsprechend Rechnung tragen. Seinen wahren Reiz erhält der Keller jedoch erst, wenn die Faßdauben im fahlen Glanz der spärlichen Beleuchtungskörper matt schimmern, wenn man die Feuchtigkeit des Bodens nicht nur an den Schuhsohlen, sondern auch in den Nasenschleimhäuten spürt, wenn altes Holz und junger Wein jene unvergleichliche Geruchssymbiose eingehen, wenn nicht nur der Wein gärt, sondern auch die Gedanken des Besuchers, der sich nicht recht entscheiden mag, ob er in den Eingeweiden eines alten Spukschlosses gelandet ist oder in einem modernen Weinbaubetrieb unseres Jahrhunderts.

In der Wachau hat man es verstanden, die Dialektik von Tradition und Fortschritt in vollendete Harmonie abzuwandeln, die man letztlich, degustierend und prüfend, im Weinglas spürt. Während Holzfässer aus der Produktion anderer Weingüter heute weitgehend eliminiert wurden, hält man sich hier an einen ehernen Grundsatz: Jeder Wein, der später in eine Bouteille abgefüllt wird, muß nach dem Gärungsprozeß in der sorgsam mit Glaskacheln ausgekleideten Betonzisterne mindestens sechs Monate im Holzfaß lagern. Dort erst kann er nach allen Regeln der Winzerkunst ausgebaut werden, ohne daß es dafür irgendwelcher chemischen Mätzchen bedürfte. Was für den Weißwein – er umfaßt 93 Prozent der Ernte – zutrifft, das gilt natürlich erst recht für den Rotwein. Um die kleinen, aber qualitativ hochwertigen Rotweinmengen entsprechend ausbauen zu können, wurden aus Frankreich die typischen 300-Liter-Fässer aus Limousin-Eiche angekauft. Sie befinden sich in den alten Gewölben in unmittelbarer Nachbarschaft zu kunstvoll geschnitzten alten Riesenfässern, die neben komplizierter Ornamentik, alten Stadtplänen und Ansichten oder Rebenmotiven manchmal auch die eingekerbten Unterschriften prominenter Besucher tragen: von Fred Liewehr über Curd Jürgens bis zum Gourmet-Papst Christian Millau, der bei einer Weinverkostung im Dürnsteiner Kellerschlößl nicht nur über einen Riesling des Jahrgangs 1969 meinte: „C'est du grand vin" – ein wirklich großer Wein.

Die konsequente Qualitätspolitik, die man in der Wachau in Anknüpfung an eine jahrhundertealte Kontinuität betreibt, trägt ihre Früchte. Während der Zeitgeist in den letzten Jahren von der Hebung der Qualität immer mehr zu einer Ausweitung der Quantität absackte, wurde die Rebfläche in der Wachau mit nur 1347 Hektar (Stand vom 31. 12. 1985) bewußt klein gehalten, was zur Folge hatte, daß man Qualität nicht nur in der Bouteille, sondern auch beim „Doppler“ anbieten konnte. Strikt eingehalten wurde von der WG Wachau auch die Maxime, keinerlei Weinbaukolonien zuzulassen. Es gibt keinen Traubenmarkt, und das Gütesiegel „Vinea Wachau Nobilis Districtus“ garantiert dafür, daß alle Weine, die es tragen, wirklich nur aus der Wachau stammen. Die „Vinea Wachau“ ist ein Zusammenschluß von verantwortungsbewußten Wachauer Weinbauern, der 1983 gegründet wurde und derzeit circa 80 Mitglieder umfaßt. Die Qualitätspolitik wird also nicht nur von der WG Domäne Wachau, sondern auch von so namhaften Weingütern* wie Jamek, Pichler-Oberloiben, Prager, Knoll, Holzapfel, Schmidl, Hirtzberger, Alzinger und Nikolaihof-Saaß mitgetragen, die zum großen Teil auch Mitglieder der WG Wachau sind.

Mit fünf Kelterhäusern im ganzen Gebiet verbindet die WG Domäne Wachau die Vermarktungsmöglichkeiten eines großen Weinproduzenten mit den Produktionsmöglichkeiten eines kleinen Elite-Weinguts. Allein das Weissenkirchner Kelterhaus verfügt über zwölf Maischebehälter, wo die Trauben am Tag der Lese getrennt werden können. Die Produktion sortenreiner Weine mit exakter Herkunftsbezeichnung ist somit kein Problem. Alle Qualitätsweine sind daher auch am Etikett mit dem Namen der Rieden angeführt, in denen sie gelesen wurden. Ähnliche Produktionsbedingungen findet man in den Kelterhäusern zu Spitz, Arnsdorf, Rossatz und Dürnstein. Die „Domäne Wachau“ – das sind viele kleine Spitzenweingüter in einer großen Interessensgemeinschaft. Es gibt dazu in ganz Europa kein Gegenstück.

Wachauer Qualitätsbewußtsein (kein einziges Wachauer Weingut war in den Weinskandal des Jahres 1985 verwickelt) äußert sich indessen nicht nur bei Lese und Weinproduktion, sondern in vielen Facetten. So setzte die WG Domäne Wachau einen Meilenstein in Sachen Bouteillenkultur, indem sie ihre Spitzenweine auf ele-

* Vollständige Mitgliederliste am Buchende

gante Burgunderflaschen füllte. Mit dem Begriff „Steinfeder" schuf man in der Wachau einen neuen Gattungsbegriff, der den Trinkgewohnheiten einer automobilisierten Gesellschaft äußerst entgegenkommt. Während es viele für unmöglich hielten, alkoholarme Spitzenweine zu produzieren, wurde mit der „Steinfeder" der Beweis für das Gegenteil angetreten: Keiner dieser trockenen Qualitätsweine, die garantiert von nicht aufgezuckertem Most stammen, übersteigt einen Alkoholgehalt von höchstens 10,7 Prozent, die meisten liegen sogar wesentlich unterhalb dieser Marke. Die Bezeichnung „Steinfeder" – sie stammt von dem für die Wachau typischen gleichnamigen Federgras – ist inzwischen in der Wachau bereits so populär geworden, daß sie zum Willkommensgruß der ganzen Landschaft avanciert ist.

Der Wachauer Qualitätspolitik verdanken Kenner neben der Steinfeder übrigens noch ein weiteres kulinarisches Kleinod: die berühmten alten Veltliner- und Glögerbrände. Auch sie zeugen vom Selbstverständnis der Wachauer Winzer, aus der Not stets eine Tugend zu machen. Bevor man kleine Weine in Massejahren aufzuckerte und als Billigweine zu Billigpreisen verschleuderte, verwendete man sie lieber für Destillate. Denn gerade die sogenannten „kleinen" Weine ohne ausreichenden Zuckergehalt eignen sich – wie französische Beispiele aus Cognac und Armagnac lehren – am besten zum Brennen.

Aus 10 Litern Wein bereitet man in den edlen, kupfernen Brennblasen der Dürnsteiner Destillerie einen Liter Destillat, welches nach sieben bis acht Jahren zu einem Spitzenweinbrand heranreift, der selbst Vergleiche mit französischen Top-Qualitäten nicht zu scheuen braucht. Kein Wunder: Während bei anderen Weinbränden in Österreich bis zu 70 Prozent des Alkohols durch Sprit erzeugt werden dürfen (sie müssen nach der neuesten Regelung freilich als „Weinbrandverschnitt" deklariert werden), wird in der Wachau nicht ein Milliliter Sprit zugesetzt. Wachauer Weinbrand besteht zu 100 Prozent aus reinem, echten Wachauer Wein. Der Wachauer Qualitätspolitik verdankt schließlich auch noch der neue Sekt „Stift Dürnstein" seine Existenz. Er wird ausschließlich aus Grundwein hergestellt, der in den extremen Terrassenlagen des Spitzer Grabens gekeltert wurde. Alle Trauben entstammen der Rebsorte „Neuburger".

Reinheit – das ist in der Wachau bis heute das wichtigste Kriterium geblieben. Reinheit beim Wein, Reinheit, wenn es um die Erhaltung der Landschaft geht (ein Wachauer Donaukraftwerk, das dieses Tal auf ewig seines unvergleichlichen Charakters beraubt hätte, konnte gottlob in letzter Minute abgewendet werden) und Reinheit überall, wo der Mensch unmittelbar betroffen ist: in der Luft ebenso wie bei der Qualität der Rohstoffe in der weithin gerühmten Wachauer Gastronomie.

Die Wachau ist ein zu kostbares Juwel, um diese Reinheit welchen Götzen auch immer zu opfern. Das wahre Kapital dieser Landschaft sind ihre unverbrauchten Menschen und ihr naturbelassener Wein, dem Propst Hieronymus im Dürnsteiner Kellerschlößl im Jahre 1718 jene liebevollen Zeilen gewidmet hat, die fast soviel über die Wachau aussagen, wie es sonst nur der Wein selbst tun könnte:

Du angenehmes Glas, du wunder-schöner wein,
du muest doch lebenslang mein einzig Labsal sein,
Damit er dich fein offt im platen glase küst
weil du ihm bis in todt das allerliebste bist.

Fernab von Prospektidyllen . . .

. . . hat Wilhelm Schwengler die Motive für seine Ölbilder gefunden. Um zu malen, begibt er sich in den meisten Fällen hinaus in die Natur, wo seine Bilder gewissermaßen „vor Ort“ entstehen. Nur einige größere Formate wurden – allerdings ebenfalls nach Naturstudien – im Atelier aus der Taufe gehoben. Schwengler, der sich selbst mit einem Schuß Ironie als „Maler, der um achtzig Jahre zu spät auf die Welt gekommen ist“ bezeichnet, gibt sich bei der Wahl seiner Motive niemals mit dem Naheliegenden zufrieden. Die Perspektiven, die jeder Wachau-Reisende von Ansichtskarten her kennt, meidet er.
Dafür wagt er sich hinauf auf die Weintrassen im Felsgebirge, er durchwandert Auen und Gestrüpp, er sucht die abgelegenen Uferböschungen. Sein Blickwinkel ist stets individuell und zeigt daher auch dem individualistischen Wachau-Liebhaber immer wieder neue Schönheiten auf. Die Auswahl der Bilder in diesem Buch beinhaltet neben zahlreichen Herbststimmungen nur ein Winter-, ein Frühlings- und ein Hochsommermotiv. Was wiederum durch Schwenglers Art zu malen bedingt ist. Da der Herbst, wie man immer wieder sagt, „der Maler in der Natur“ ist, zieht es ihn eben auch stets dann hinaus, wenn die Natur zwischen Altweibersommer und Novembernebel am farbigsten und facettenreichsten ist.

„Dürnstein vor dem Eisstoß an der Donau – Jänner 1985“
Öl/Leinen 45 x 60 cm

Die Wachau wird so sehr mit Frühling, Sommer und Herbst assoziiert, daß darüber die Schönheiten des Wachauer Winters leicht in Vergessenheit geraten. Gerade dann aber strahlt die Natur in besonderem Maße Ruhe und Beschaulichkeit aus.

„Frühling in Weißenkirchen"
Öl/Holz 30 x 40 cm

Beim Pimmernigl erinnert noch so manches an die Wachau des Mittelalters. Hier wurde vor etwa tausend Jahren die erste Achleitenstraße angelegt. Hinter der Blütenkrone eines Marillenbaumes sieht man die historisch gewachsene Kulisse von Weißenkirchen.

„Donauufer"
Öl/Leinen 45 x 60 cm

Wenn man vom Osteingang der Wachau bei Mautern stromaufwärts blickt, erlebt man das Donautal aus einer höchst reizvollen Perspektive. Über das Wasser hinweg sieht man zum Pfaffenberg und der „Loibener Scheiben" genannten Landbucht.

„Ein Gewürz-, Gemüse- und Blumengärtchen in Spitz“
Öl/Leinen 30 x 40 cm

Bauerngärten wie dieser blicken in der Wachau auf eine lange Tradition zurück. Sie dienen der Zierde und dem Nutzen zugleich und atmen biedermeierliche Beschaulichkeit.

„Dürnstein, Hausgärtchen über der Donau“
Öl/Leinen 50 x 70 cm

Ein unvergleichliches Licht prägt die Wachauer Landschaft im Dunstschleier
eines Spätsommertages, in dem die Berge hinter Rossatz
am anderen Donauufer den Blicken beinahe zu entgleiten scheinen.

„Spätsommernachmittag am Dürnsteiner Schloßberg"
Öl/Holz 30 x 40 cm

Die Steinfedern sind vertrocknet, blaue Sternastern prägen das Bild von Wiese und Flur. Der Sommer über Dürnstein neigt sich dem Ende zu. Kirche, Stift, Schloß und Fluß bereiten sich auf den Herbst vor. In Rossatzbach am anderen Donauufer verschwimmt die Aulandschaft mit dem Rebenmeer. Der Dunkelsteiner Wald wirft lange Schatten.

„Die Dürnsteiner Gemeindeackerln im September“
Öl/Leinen 50 x 70 cm

„Gmoaackerl“ – so nennen die Wachauer diese einst weitläufigen Ackerflächen, die in kleine Parzellen aufgeteilt wurden. Blumenrabatten wechseln mit Gemüsegärten, die von den Dürnsteiner Bürgern mit viel Liebe angelegt werden.

Herbstlicher Ausblick auf Rossatz, Dürnstein, Oberloiben und Unterloiben sowie den letzten Donaubogen der Wachau im Osten, vor Krems und Stein
Öl/Leinen 30 x 40 cm

Die Loibner Scheibe, die sich halbkreisförmig hinter Dürnstein auszuwölben beginnt, scheint aus diesem Blickwinkel wie eine Landzunge in die Donau hineinzuragen.

„Am Schreiberberg“
Öl/Holz 30 x 40 cm

Hier gedeiht der berühmte Dürnsteiner Bergwein. Der Schreiberberg ist aber auch ein lohnender Aussichtspunkt, von dessen erhabener Höhe man die prachtvolle Kulisse des Donaubogens bei Dürnstein mit der alten Burgstadt, dem Schloßberg und der Burgruine überblicken kann.

„Ried Achleiten"
Öl/Leinen 70 x 100 cm

Blicke wie jener auf die wohl berühmteste Ried der Wachau haben den Begriff „Goldene Wachau" geprägt, der in der Romantik – zweifellos an einem sonnendurchfluteten Tag wie diesem – entstanden ist.

„Zwischen Wösendorf und Joching"
Öl/Holz 30 x 40 cm

Das „Gourmetparadies" der Wachau liegt auch an einem ihrer reizvollsten Punkte. Der Spaziergang von Wösendorf nach Joching oder umgekehrt, ist stets von der Vorfreude auf einen edlen Riesling aus den umliegenden Kirchengärten und auf nicht minder erlesene Schmankerl aus der berühmten Wachauer Küche erfüllt.

„Das Thal Wachau"
Öl/Leinen 30 x 40 cm

Von einer Anhöhe auf dem Michaeler Berg blickt man hinab auf historischen Boden: Das „Thal Wachau" mit den Dörfern Wösendorf, Joching, Weißenkirchen trug diese Bezeichnung von 1250—1850. Am rechten Donauufer sind die Ortschaften St. Lorenzi, Rührsdorf und Rossatz in Reben eingebettet. Den Vordergrund schmücken herbstlich dürre Steinfedern.

„Sonntag in Spitz"
Öl/Leinen 45 x 60 cm

Das wehrhafte spätgotische Gotteshaus zu Spitz wird an der Ostseite von einem üppigen Gürtel aus Hausgärten und Marillenbäumen umgeben. Vom Kirchenplatz her hört man die verklingenden Melodien des Frühschoppenkonzerts, wenn soeben die mächtige Mittagsglocke zu läuten beginnt.

„Dürnstein, Ostansicht"
Öl/Holz 30 x 40 cm

Die Silhouette des mittelalterlichen Städtchens mit seinen alten Befestigungsmauern schimmert in der Abendsonne. Die Weingärten schmiegen sich bis knapp an das alte Mauerwerk, dahinter präsentiert sich die Stadt (von links nach rechts) wie in einem malerisch gestalteten Kunstführer: die Ruine der Klarissinnenkirche mit der erhaltenen Apsis, die barocke Turmspitze der Stiftskirche, das Kremser Tor, der Karner, der Turm der Kunigundenkirche sowie ein Rundturm der Stadtbefestigung.

„Die Kastanie am Spitzer Kirchenplatz im Herbstkleid“
Öl/Holz 40 x 30 cm

Noch ist der Kirchenplatz so gut wie ausgestorben. Doch wenn im Gotteshaus die Predigt beginnt, so stehlen sich immer wieder ein paar Winzer aus der Kirche und halten hier einen kleinen Plausch. Zur Wandlung freilich kehren sie wieder ins Kirchengestühl zurück.

„Donauufer zwischen Hof- und Bacharnsdorf“
Öl/Holz 30 x 40 cm

Wie endlose Dünen verlaufen die Sand- und Schotterbänke längs der Donau. Als einziges Zeichen menschlicher Zivilisation erblickt man St. Michael, die „Urpfarre“ der Wachau mit ihrer 1000jährigen Geschichte und der erst unlängst renovierten prächtigen Renaissanceorgel aus der Zeit um 1600.

„Das Kellerschlößl zu Dürnstein“
Öl/Leinen 40 x 30 cm

In einer fast unwirklich wirkenden Landschaft steht dieses an barocke Sinnenfreude und opulente Gelage erinnernde Schlößl des legendären Dürnsteiner Propstes Hieronymus Übelbacher. Nur die offene Kellertür deutet auf das „Innenleben“ hin: Unter dem von Jakob Prandtauer erbauten Barockjuwel verläuft das Stollenlabyrinth des Weinkellers der Winzergenossenschaft Domäne Wachau, die hier auch ihren Sitz hat.

1985

„Herbst in Hofarnsdorf"
Öl/Leinen 50 x 70 cm

Einst hat dieses Stück Wachau, das sich hier traumverloren hinter einem Blättervorhang verbirgt, dem Erzbistum Salzburg sowie den Stiften Nonnberg und St. Peter gehört. Heute verläuft hier eine der schönsten Uferpromenaden der Wachau. Die Bäume der Schloßparks bilden einen natürlichen Baldachin über dem Treppelweg und berühren mit den Spitzen ihrer Äste den Donaustrom.

„Im Spitzer Gemeindewald“
Öl/Holz 45 x 60 cm

Über den Reben, in einer Seehöhe zwischen 300 und 400 m, beginnt in der Wachau der Wald. Der Baumgürtel reicht im südlichen Dunkelsteiner Wald bis 700 m, im nördlichen Waldviertel bis 950 m Seehöhe hinauf. Die Waldluft fördert die Aromastoffbildung der Trauben und verleiht dem Wachauer Wein damit noch eine weitere individuelle Nuance.

„Herbst im Waldviertel"
Öl/Leinen 30 x 40 cm

Eine kleine Wanderung über fünf oder sechs Straßenkilometer genügt – und schon hat man über den Seiber von Weißenkirchen das Waldviertel erreicht. Ein idealer Spaziergang geradezu, der sich besonders für jene Wachau-besucher anbietet, die sich hier vor einem guten Essen Appetit holen oder danach ein bißchen Bewegung verschaffen möchten.

3 XI 1925 O. Laske

„Am Dürnsteiner Vogelberg"
Öl/Holz 30 x 40 cm

Um die Wachau wirklich zu kennen, sollte man hier oben einmal erlebt haben, wie
ein Wachauer Herbsttag allmählich verklingt. Das Auge schweift über die Rossatzer und Rührsdorfer Au, die beide um ein Haar durch ein Donaukraftwerk zerstört worden wären. Stromaufwärts fällt der Blick auf Weißenkirchen. Vor Einbruch der Dunkelheit sollte man sich ein bißchen beeilen. Der Abstieg nach Dürnstein dauert eine knappe Stunde. Dort wartet dann so manches gastliche Haus auf den Wanderer.

„Das Menu“
Öl/Karton 44 x 50 cm

Farbiger Eindruck, den der Wachauer Maler nach dem herrlichen Menu im Tiroler Feinschmeckerlokal „Sir Richard“ zu Seefeld in seine Formensprache umgesetzt hat.

Die Wachauer Reben

Grüner Veltliner 1

Neben dem Riesling ist der Grüne Veltliner die wichtigste Wachauer Rebe. Er wächst in mittleren bis sehr guten Lagen und präsentiert sich in seiner Wachauer Eigenart als besonders würzig im Bouquet. Seine leicht transparente Geschmacksstruktur, die hintergründige Frucht und die unverkennbare pikante Säure machen ihn zu einer besonders charakteristischen Wachauer Sorte.

Riesling 2

Daß der Riesling aus dem Rheingau einst in der Wachau verpflanzt wurde, ist eine historische Tatsache. Die Legende, die sich um den tatsächlich existierenden Ried „Ritzling" bei Joching rankt, der bereits 1301 urkundlich erwähnt wurde, hat mitunter zu anderen, historisch jedoch unrichtigen Deutungen geführt. Während anderswo vom „Rheinriesling" die Rede ist, heißt die Rebe in der Wachau jedoch schlicht „Riesling". Sie ist nicht zu verwechseln mit dem Welschriesling, der einen ganz anderen Charakter aufweist. Die Rieslingrebe ist die Königin aller Reben, und aus ihrer Traube wird der König aller Weine gekeltert. Rieslinge aus der Wachau präsentieren sich mit besonders markantem, unverwechselbarem Bouquet, zeigen betont traubige Frucht und vollendete Harmonie mit der stahligen Säure.

Neuburger 3

Diese Rebe stammt tatsächlich aus der Wachau und hat ihren Ursprung in Spitz, wo sie als eine Art „Nationalheiligtum" gilt. Man findet sie dort besonders auf den steilsten und trockensten Bergterrassen. Die Rebe ist vermutlich eine natürliche Kreuzung zwischen Weißem Burgunder und Grünem Sylvaner, die von beiden Elternteilen die jeweils besten Eigenschaften geerbt hat. Die Spitzer Neuburger zeichnen sich durch ein kristallklares Aroma und einen zarten Mandel-Nußton im Geschmack aus.

St. Laurent 4

Er ist neben dem Blauen Burgunder und dem Zweigelt die wichtigste in der Wachau angebaute Rotweinsorte. Rotwein spielt in der Wachau freilich generell keine allzu dominierende Rolle. Nur 7 % der Gesamtfläche sind mit Blautrauben bepflanzt. Obwohl man in der Wachau auch hervorragenden Rotwein zu keltern versteht, ist es jedoch letztlich der Weißwein, der den Ruf der Wachauer Weine in aller Welt begründet.

Weitere Rebensorten

In geringen Mengen, jedoch mit beachtlichen Qualitäten werden in der Wachau auch Weißer Burgunder, Riesling-Sylvaner (Müller-Thurgau) und Muskateller-Spielarten gekeltert.

1

3

2

4

Die Weine

1 **Riesling-Spätlese 1983,** Ried Achleiten, WG Wachau
Leuchtendes Gelbgrün, feingliedrig, duftige Aromastruktur, edelaromatischer Geschmack, mit ausgeprägter Fruchtsubstanz, trocken.

Grüner Veltliner-Steinfeder, Ried Heizenleithen, WG Wachau
Helles Grün, feinwürziges Bukett, zarter Sortencharakter mit edler Säure, trocken.

Riesling Kabinett 1981, Bürgerspital-Stiftung Allerheiligen/Spitz
Leuchtendes Grüngelb, delikates Riesling-Bukett, betont stahlige Note.

Pinot Blanc, Jochinger Weißburgunder, WG Wachau
Wird je nach Jahrgang in Kabinett- oder Steinfeder-Qualität gelesen, helles leuchtendes Grün, zartduftiges Bukett, stahlige Note, schlanker Körper mit prägnanter Säurestruktur, trocken.

Riesling Kabinett, Kirchengärten Wösendorf, Weingut der Pfarre Weißenkirchen
Leuchtendes, helles Grüngelb, elegantes Riesling-Bukett, ausgeprägte Säure, gepaart mit stahliger Rieslingfrucht, von außergewöhnlicher Finesse, trocken.

2 **St. Laurent Kabinett,** WG Wachau
Rubinrot; schlanker Körper, gepaart mit ausgeprägter Frucht, verleihen dem Wein besonderen Charakter.

Dürnsteiner Katzensprung, WG Wachau
Eleganter, harmonischer Wein, zarte Säure. Serviert beim Dejeuner nach Abschluß des Österreichischen Staatsvertrages.

Hieronymus 1973, WG Wachau
Ein für die Wachau selten großer Rotwein, durch langjährige Holzfaßlagerung gereift.

Gemischter Satz Steinfeder, Ried Zornberg, Bürgerspital Allerheiligen/Spitz
Besonders leichter, feinwürziger Wein.

Die Brände

3 **Dürnstein Glöger-Reserve 15 Jahre** — im Limousineichenfaß 15 Jahre gelagert — ausschließlich aus Wachauer Wein und Weinglöger gebrannt.
Dunkle Bernsteinfarbe, reifer Geruch, sehr ätherisch ölig; durch die lange Lagerung betonte Holznote, vielschichtig würzige Geschmacksstruktur mit Tiefe; ein ungewöhnlich schöner, reicher, alter Edelbrand!

4 **Eau de Vie Veltliner, Jg. 1978** — gelagert in geschmacksneutralen Fässern, gebrannt ausschließlich aus Wachauer Wein der Sorte Grüner Veltliner, klare Farbe; schöne Weinnote, zart aromatische Blume, transparente Fruchtstruktur, ausgeprägter, milder, weicher und reifwirkender Geschmack, überaus harmonisch; wird eiskalt serviert!

Echter Wachauer Veltliner Brand — 3 Jahre in kleinen Holzfässern gereift; ausschließlich aus Wein der Traubensorte Grüner Veltliner gebrannt. Goldgelb; sehr ausgeprägter, fruchtiger, weinbetonter Geruch, pikante Fruchtwürze, ausgeprägte charakteristische Individualität.

Dürnstein Glöger-Reserve 9jährig — im Limousineichenfaß 9jährig gelagert, ausschließlich aus Wachauer Wein und Weinglöger gebrannt.
Bernsteinfarbe; ausgewogen volles Aroma im trockenen Stil; ausgeprägter würziger Geschmack mit deutlichem Körper und feinrauchigem Abgang; zart herber, ausgeprägter Weingeschmack.

Dürnsteiner Veltliner Aperitif — aus altem Veltlinerbrand und frischem Most der Veltlinertraube.
Leuchtendes Goldgelb, fruchtiger zart-süßlicher Dufthauch, vollkommene Harmoniefülle mit fruchtiger Leichtigkeit am Gaumen.

Dürnstein Reserve 7jährig — in Limousineichenfässern 7 Jahre gelagert — ausschließlich aus Wachauer Wein der Sorte Grüner Veltliner gebrannt.
Bernsteinfarbe, reifes ätherisches Aroma nach Wein und Holz, eleganter Charakter, reifer weiniger Geschmack mit dezenter aromatischer Aromastruktur, lang anhaltend, großer Ausdruck und Harmonie.

RIESLING-SPÄTLESE
GRÜNER VELTLINER-STEINFEDER
RIESLING
PINOT BLANC-KABINETT
KIRCHENGARTEN

1

Dürnstein
Glöger-Reserve
15 Jahre

3

GRÜNER VELTLINER
JAHRGANG 1984
HIERONYMUS
STEINFEDER

2

Eau de Vie
WACHAUER
VELTLINER BRAND
Dürnstein
Glöger-Reserve
VELTLINER-APERITIF
Dürnstein
Reserve

4

GUSTAV KLIMT, WIEN 1862–1918
STEINFEDER
DÜRNSTEINER GRÜNER
TROCKEN
WINZERGENOSSENSCHAFT

Steinfeder-Weine

Die klimatischen und geologischen Gegebenheiten in der Wachau ermöglichen im besonderen Ausmaß hochwertige Weine mit verhältnismäßig niederem Alkoholgehalt auszubauen. Dies ist eine der Tatsachen, womit sich das Wachauer Weinbaugebiet von allen anderen unterscheidet. Es sind die verhältnismäßig kargen Urgesteinsverwitterungsböden und die ständige Luftzirkulation zwischen der warmen Luft aus der pannonischen Klimazone, die sich zungenförmig in die Wachau erstreckt und den kühlen Luftmassen des kontinentalen Klimas, die durch die Seitentäler, den sogenannten Gräben, mit Sauerstoff besonders angereichert aus dem Waldviertel und dem Dunkelsteinerwald niederströmen. Diese Komponenten beeinflussen besonders die Bukettausbildung im Lesegut und damit den Wein in hohem Ausmaß.

Die Steinfeder (Stipa Pennata, Wachauer Federgras) ist eine für die Wachau besonders typische Pflanze, die förmlich aus Felsritzen heraus gedeiht, in unmittelbarer Nachbarschaft zu den Weinreben. So duftig, zart und leicht wie Steinfedern sind auch die Steinfeder-Weine.

Der Verein Vinea Wachau Nobilis Districtus, dessen Mitglieder ausschließlich Wein aus der Wachau führen, kontrolliert die Steinfeder-Weine. Das Lesegut, aus dem diese Weine gewonnen werden, muß mindestens 15 ° Zucker nach der Klosterneuburger Mostwaage (73 ° Öchsle) und darf höchstens 17 ° Zucker nach der Klosterneuburger Mostwaage (83 ° Öchsle) aufweisen. Eine Anreicherung mit Zucker ist untersagt. Es handelt sich ausschließlich um Weißwein. Die Alkoholobergrenze darf 10,7 Vol. % nicht überschreiten. Die Weine müssen vollkommen durchgegoren sein. In der Regel weisen solche Weine unvergärbare Restzuckergehalte von 0,6 bis 1,5 g Zucker/Liter auf. Die absolute Obergrenze, die kaum erreicht wird, wären 4 g Restzucker/Liter.

Jahrgangsbewertung Wachau

1946 **19**	1947 **20**	1948 *18*	1949 **18**	1950 **18**
1951 **17**	1952 *19*	1953 **18**	1954 *17*	1955 **16**
1956 **18**	1957 *16*	1958 *19*	1959 **18**	1960 *18*
1961 **19**	1962 *19*	1963 **16**	1964 *18*	1965 **12**
1966 **18**	1967 *17*	1968 **16**	1969 **18**	1970 **14**
1971 **18**	1972 **15**	1973 **18**	1974 *16*	1975 **17**
1976 *16*	1977 *19*	1978 **16**	1979 **19**	1980 **14**
1981 **17**	1982 *18*	1983 **19**	1984 *17*	1985 *20*

20 = Schulmäßige Bewertung
20 = „Steinfederjahrgänge" — Zartheit, Bekömmlichkeit und feines Bukett sind bestimmend bei dieser Bewertung

Bewertungskriterien:
12—13 kleinste Jahrgänge
14—15 kleine Jahrgänge
16—17 gute Jahrgänge
18—19 sehr gute Jahrgänge
20 absoluter Spitzenjahrgang

Zusammenstellung: Josef Jamek, Joching

„Vinea Wachau Nobilis Districtus", A-3610 Weißenkirchen 48

Schutzverband jener Wachauer Weinhauer, die ausschließlich der Wachauer Weinkultur dienen (Stand 1. Dezember 1985)

Agis, Hermann	3601 Unter Loiben 42
Altmann, Mag. Hans	3610 Joching 45
Alzinger, Leopold	3601 Unter Loiben 11
Amon, Johann	3610 Weißenkirchen 92
Bayer, Arnold	3610 St. Michael 4
Böck, Ferdinand	3610 Weißenkirchen 109
Böhmer, Leopold	3601 Dürnstein 22
Denk, Walter	3610 Weißenkirchen 150
Ernsthofer, Josef	3610 Wösendorf 52
Ettenauer, Anton	3601 Ober Loiben 38
Fischer, Anton	3602 Rossatzbach 15
Fischer, Josef	3602 Rührsdorf 7
Frischengruber, Rudolf	3602 Rührsdorf 8
Fröschl, Erich	3601 Dürnstein 49
Fügerl, Willibald	3601 Dürnstein 38
Gattinger, Adolf	3610 Weißenkirchen 252
Gebetsberger, Ferdinand	3620 Spitz, Obere Gasse 10
Geith, Josef	3610 Wösendorf 41
Granner, Erich	3601 Ober Loiben 19
Gritsch, Josef	3620 Vießling 21
Grossinger, Anton	3620 Spitz, Rote Torgasse 2
Hick, Josef	3621 Mitterarnsdorf 61
Hinterholzer, Gottfried	3601 Ober Loiben 1
Hirtzberger sen., Franz	3620 Spitz, Kremser Straße 8
Hirtzberger jun., Franz	3620 Spitz, Kremser Straße 8
Högl, Max	3620 Vießling 31
Holzapfel, Karl	3610 Joching 36
Hutter sen., Fritz	3512 Mautern, St.-Pöltner-Str. 66
Hutter jun., Fritz	3512 Mautern, Silberbichlerhof
Jamek, Josef	3610 Joching 45
Kendl, Leopold	3602 Rührsdorf 24
Knoll, Emmerich	3601 Unter Loiben 20
Knoll, Josef	3601 Unter Loiben 7
Lagler, Karl	3620 Spitz, Rote Torgasse 10
Lengsteiner, ÖR. Franz	3610 Wösendorf 53
Luftensteiner, Franz	3620 Spitz, Hinterhaus 6
Machherndl, Erich	3610 Wösendorf 1
Mandl, Karl	3610 Wösendorf 74
Mang, Franz	3610 Weißenkirchen 65
Mang, Hermenegild	3610 Weißenkirchen 38
Mang, Otto	3610 Weißenkirchen 40
Maier, Heinrich	3602 Rührsdorf 25
Mayer, Alfred	3512 Mautern, Vorstadt 4
Mayer, Günter	3602 Rossatz 59
Mayer, Josef	3620 Spitz, In der Spitz 12
Noibinger, Anton	3610 Weißenkirchen 35
Pichler, Franz	3601 Ober Loiben 27
Pfaffinger, Herbert	3601 Dürnstein 27
Pfarrweingut Weißenkirchen	3610 Weißenkirchen 3
Polz, Erich	3602 Rührsdorf 22
Prager, Franz	3610 Weißenkirchen 48
Rinner, Karl	3602 Rossatzbach 9
Saaß, Nikolaus	3512 Mautern, Nikolaihof
* Salomon, Dr. Bertold	3500 Krems, Undstraße 10
Scharnagl, ÖR. Josef	3620 Spitz, Laaben 17
Schmelz, Anton	3601 Dürnstein 10
Schmelz, Johann	3610 Joching 14
* Schierer, RR. Leopold	3610 Weißenkirchen 259
Schmidl, Franz	3601 Dürnstein
Schuß, Günter	3621 Bacharnsdorf 8
Schwarz, Karl	3601 Dürnstein 54
Schweighofer, Michael	3601 Ober Loiben 11
* Schwengler, Wilhelm	3601 Dürnstein
Stierschneider, Eduard	3620 Spitz, Ottenschlägerstr. 30
Stierschneider, Franz	3610 Weißenkirchen 133
Stöger, Andreas	3601 Dürnstein 38
Stöger, Heinrich	3601 Dürnstein 57
Trieb, Karl	3602 Rührsdorf 1
„Wachau", Winzergenossenschaft	3601 Dürnstein 107
Weinbauverein Spitz	3620 Spitz, In der Spitz 6
Wiechl, Josef	3602 Rührsdorf 5
Wöginger, Ludwig	3620 Spitz, Hauptstraße 3
Zottl, Franz	3610 Weißenkirchen 105

* betreiben keinen Weinbau, dienen dem Verein mit ihrer geistigen Tätigkeit.

Rezepte

Kochen zum Wein – Kochen mit Wein

Vorspeisen

Die Rezepte werden durch passende Weinempfehlung ergänzt. Die Weine wurden von der Winzergenossenschaft Wachau — die Domäne der Wachau — zur Verfügung gestellt.

Suppen

Fische und Meeresfrüchte

Fleisch

Wild und Geflügel

Desserts und Käse

Brennesselschlutzkrapfen mit Schafkäse in Kerbelbutter mit Eierschwammerl

Einkauf (für 8—10 Personen):

250 g Weizenvollmehl, Vollsalz
2 Eier, 1 EL kaltgepreßtes Sonnenblumenöl, 2—3 EL kaltes Wasser, 1 EL Öl zum Bestreichen des Teiges

1 kg junge Brennesseln, 120 g Zwiebeln, 20 g Butter
100 g Magertopfen/Quark
100 g Schafsmilchkäse
6 Knoblauchzehen, Vollsalz
weißer Pfeffer
geriebene Muskatnuß

200 g kleine Eierschwammerl/Pfifferlinge, 20 g Kerbel, Salz, 20 g Butter für die Pilze, 150 g eiskalte Butter für die Sauce

Bereiten Sie den Nudelteig:
Sämtliche Zutaten zu einem homogenen Teig verarbeiten, mit Öl bestreichen und ca. 1 Stunde im Kühlschrank rasten lassen.

Bereiten Sie die Fülle:
Die Brennesseln (oder Taubnesseln) putzen, gut waschen und kurz überkochen. Feingehackte Zwiebeln in Butter anschwitzen und abkühlen lassen. Sämtliche Zutaten dann mit den sehr fein pürierten Brennesseln vermischen, gut würzen und zu je 20 g auf die Teigkreise auftragen.

Bereiten Sie die Eierschwammerl und Sauce:
Butter hellbraun aufschäumen lassen, Eierschwammerl dazugeben, salzen, langsam kochen lassen, bis die austretende Flüssigkeit verdunstet ist und die Pfifferlinge etwas Farbe angenommen haben.
Nudelteig dünn ausrollen und in ca. 7 cm Durchmesser Kreise ausstechen. Diese mit Ei bestreichen und 20 g Brennesselspinatfülle in die Mitte dressieren. Die Teigplätzchen werden nun halbmondförmig zusammengeschlagen und an den Rändern mit einer Gabel nochmals fest zusammengedrückt. Salzwasser zum Kochen bringen, etwas Öl dazugeben, die Schlutzkrapfen hineinwerfen und ca. 10 Minuten kochen. Die Schlutzkrapfen auf ein Sieb schütten und abtropfen lassen. Etwas Wasser im Topf zurücklassen, die eiskalten Butterstücke einschwenken und den abgezupften Kerbel dazugeben. Die Schlutzkrapfen mit dieser Sauce und den Eierschwammerln servieren.

Weinempfehlung: Grüner Veltliner Spätlese, Ried Kellerberg, Dürnstein

Entenleberparfait mit Ribiselsauce

Einkauf (für ca. 16 Personen):

500 g frische Entenleber, 500 g Butter, 150 g grüner Speck

500 g Ribisel (Johannisbeeren)
$^1/_2$ l Rotwein
20 g Zucker

4 Eier
2 cl Trüffeljus
2 cl Cognac
2 cl Sherry dry
2 cl Madeira
Salz
Pfeffer
Rosmarin
Majoran

Friséesalat
Vogerlsalat
Eichblattsalat

Bereiten Sie die Zutaten vor:
Die Entenleber von den Sehnen befreien. 500 g Butter zergehen lassen. Eine Terrinenform von $1^1/_2$ l Inhalt mit Speck auskleiden.

Machen Sie die Ribiselsauce:
Ribisel, Rotwein und Zucker so lange köcheln, bis die gewünschte Konsistenz erreicht ist, sodann durch ein Sieb passieren und kaltstellen.

Machen Sie das Parfait:
Sämtliche Zutaten mit der Entenleber cuttern (wenn Sie keinen Cutter besitzen, die Entenleber durch die feine Scheibe des Fleischwolfs drehen) und die Eier sowie die restlichen Zutaten mit dem Schneebesen unter die Entenleber schlagen, dann das Ganze durch ein Sieb passieren, die Masse mit der zerlassenen Butter in den Mixer geben und alles gründlich durchmixen, damit sich die Butter mit der Leber bindet. Nun das Ganze in die ausgekleidete Terrinenform geben und die Masse mit Speck abdecken. Im vorgeheizten Rohr bei 160 Grad Celsius Unterhitze und 110 Grad Celsius Oberhitze (80 Grad Celsius Wassertemperatur) im Wasserbad 45 Minuten lang garen lassen und vor dem Anschneiden einen Tag im Kühlschrank aufbewahren.

Zum Servieren:
Auf einem Teller eine kleine Salatgarnitur anrichten, daneben das in Tranchen geschnittene Parfait legen und die Ribiselsauce darübergießen.

Weinempfehlung: Ried Vorderseiber, Grüner Veltliner Kabinett oder Dürnsteiner Auslese, Müller-Thurgau

Gänseleberschaumrolle

Einkauf (für 2 Personen):

150 g Gänseleberterrine
200 g Blätterteig
30 g Trüffeln

Bereiten Sie die Blätterteigröllchen zu:
Blätterteig messerdick ausrollen, in 2 cm breite Streifen schneiden und auf ein konisches Röhrchen spiralenförmig aufwickeln. Die überlappenden Enden mit Eigelb einstreichen, auf das Backblech setzen und oben mit Eigelb bestreichen. Erst 10 Minuten bei 220 Grad Celsius, dann 20 Minuten bei 180 Grad Celsius ausbacken. Vom Röhrchen lösen und kalt werden lassen.

1 mittelgroßes Stück Butter
2 cl Portwein
1 cl Cognac
1 Eigelb
3 EL geschlagene Sahne/Obers
Salz
Pfeffer
Cayennepfeffer

Bereiten Sie den Gänseleberschaum zu:
Die Leber etwas zerkleinern, die Butter in Flocken reiben, mit dem Cognac und Portwein im Mixer pürieren. Die geschlagene Sahne/Obers vorsichtig unterheben und abschmecken. Die gekochten Trüffeln beimengen. Die Masse mit einem Dressiersack in die Blätterteighüllen füllen und anrichten.

Weinempfehlung: Dürnsteiner Beerenauslese, Müller-Thurgau

Gänselebertrauben in Dürnsteiner Auslese

Einkauf (für 5 Personen):

250 g passierte rohe Gänsestopfleber
Salz, Zucker, weißer Pfeffer, Portwein
50 große Trauben

Bereiten Sie die Gänselebertrauben zu:
Die Gänsestopfleber entnerven und durch ein Sieb streichen. Mit Portwein, Salz, Zucker und weißem Pfeffer abschmecken und verrühren. Die Gänselebermousse mit einem Spritzsack in die entkernten und ausgehöhlten Trauben füllen.

1/2 l kräftigen Geflügelfond
0,3 l Dürnsteiner Auslese
1 Blatt Gelatine

Machen Sie das Gelee:
Den Fond und die Auslese gemeinsam erwärmen und die aufgeweichten Gelatineblätter dazugeben. Kurz erhitzen, Trübstoffe abschöpfen und auf Eis kaltrühren. Trauben damit überziehen.

Weinblätter

Zum Servieren:
Auf Teller mit einem Weinblatt in Traubenform anrichten und mit Dürnsteiner-Auslese-Gelee überziehen.

Dieses Gericht eignet sich besonders für kleine Gesellschaften als Vorspeise, da man es ohne weiteres eine Stunde vor dem Servieren vorbereiten kann.
Servieren Sie dazu frisch getoastete Rosinenbrioches.

Weinempfehlung: Dürnsteiner Auslese, Müller-Thurgau

Gänsestopfleber auf Nudelblatt mit Sauce von Müller-Thurgau

Einkauf (für 4 Personen):

4 Nudelblätter ca. 6 x 10 cm, 8 dünn aufgeschn. Scheiben Knollensellerie
8 dünne Apfelscheiben

Bereiten Sie die Zutaten vor:
Die Nudelblätter nicht zu weich kochen, ebenso die Selleriescheiben.
Den Apfel schälen, entkernen und hauchdünn aufschneiden.

$^{1}/_{16}$ l beliebiger Fond
$^{1}/_{16}$ l Sahne/Obers
$^{1}/_{8}$ l Müller-Thurgau Auslese
70 g Butter

Machen Sie die Sauce:
Den Fond und die Sahne/Obers mit dem Eigelb aufrühren. Auf dem Herd warm aufschlagen, die kalte Butter langsam einmontieren und mit Müller-Thurgau Auslese abschmecken.

4 Scheiben Gänsestopfleber à 70 g
Müller-Thurgau-Trauben (nach Saison)

Zum Servieren:
Ein Nudelblatt auf den Teller legen, zwei Scheiben Apfel und Sellerie darauflegen. Nun die Sauce darübergießen und die Gänsestopfleber daraufsetzen. Wenn es die Jahreszeit erlaubt, mit geschälten Müller-Thurgau-Trauben garnieren.

Weinempfehlung: Dürnsteiner Auslese, Müller-Thurgau

Gebratene Entenstopfleber mit Zwiebelkompott

Einkauf (für 4 Personen):

1 kg mittelgroße Zwiebeln
100 g (netto) säuerliche Äpfel (gerieben)
30 g Butter, Salz, weißer Pfeffer, etwas Crème fraîche

Bereiten Sie das Zwiebelkompott:
Die Zwiebeln in der Schale bei großer Hitze garen, auskühlen lassen, schälen und mit den geriebenen Äpfeln kurz dünsten. Mit Salz und weißem Pfeffer leicht würzen, etwas Crème fraîche darunterziehen.

400 g Entenleber (ca. 8 Scheiben)
Salz
Pfeffer

Braten Sie die Entenstopfleber:
Die Entenleberscheiben kurz braten und leicht würzen.

$^{1}/_{8}$ l Geflügeljus
1 kg Hühnerklein
Karotten
Lauch
Sellerie
Thymian
Rosmarin
$^{1}/_{8}$ l Weißwein
$^{3}/_{4}$ l Bouillon
Butterflocken

Bereiten Sie den Geflügeljus:
Das Hühnerklein mit etwas Rostgemüse (Karotten, Lauch, Sellerie) hellbraun anrösten, mit Weißwein ablöschen, etwas reduzieren, mit der Bouillon und ¾ l Wasser aufgießen, ca. 1½ Stunden leicht köcheln lassen, abseihen und auf die Hälfte reduzieren. Je nach Geschmack leicht würzen. Vor dem Servieren mit eisgekühlten Butterflocken montieren.

Anrichten:
Die Entenleber auf vorgewärmten Tellern mit dem Geflügeljus überziehen und mit dem Zwiebelkompott anrichten.

Weinempfehlung: Riesling Sylvaner Kabinett, Ried Gaisberg, Wösendorf

Gefüllte Lammherzen auf Kohlgemüse

Einkauf (für 2 Personen):

Bereiten Sie die Zutaten vor:

4 Lammherzen, 1 entrindete Semmel, etwas Milch, 300 g Kohl

Die Lammherzen waschen und zur Hälfte aufschneiden. Alle Sehnen und Häute entfernen. Den Kohl in ca. 1,5 cm große Stücke schneiden und waschen. Eine entrindete Semmel in Milch einweichen.

Bereiten Sie die Füllung vor:

75 g Lammfleisch, 60 g Schweinebauch, 50 g Steinpilze, 50 g Karotten (Möhren), 20 g Schalotten, 20 g Butter, Salz, Pfeffer, Petersilie

Lammfleisch und Schweinebauch in Würfel schneiden und kurz anbraten. Das Fleisch muß immer noch ganz roh sein. Danach kaltstellen. Die eingeweichte Semmel ausdrücken und mit dem erkalteten Fleisch fein faschieren. Die Steinpilze würfelig schneiden und mit Schalotten und Petersilie in Butter anschwitzen und abkühlen lassen. Karotten in Würfel schneiden und alles vermengen. Mit Salz und Pfeffer würzen.

Bereiten Sie die Lammherzen zu:

4 dl Lammfond (braun), 1/8 l Rotwein, Olivenöl, 2 Schalotten, 1 kl. Karotte, 40 g Stangensellerie, 1 kl. Zweig Rosmarin, etwas Thymian, 4 Schweinenetze (ca. 15 x 15 cm), Salz, Pfeffer

Die Herzen füllen, zusammennähen und ins Schweinenetz einwickeln, salzen und pfeffern. In Olivenöl anbraten, Karotten, Sellerie und Schalotten in Würfel schneiden und dazugeben. Farbe nehmen lassen, mit dem Rotwein ablöschen und einreduzieren. Mit dem Lammfond aufgießen und im Rohr mit Thymian und Rosmarin ca. 1 Stunde garen.

Bereiten Sie das Kohlgemüse vor:

200 g Bauchspeck, 1/16 l Obers/Sahne, Salz, Pfeffer

Den Kohl in Salzwasser knackig kochen und im kalten Wasser mit Eis abkühlen, abseihen. Den Speck in kleine Würfel schneiden und ganz hell anbraten. Den Kohl dazugeben und mit der Sahne/Obers aufgießen. Dicklich einkochen lassen und mit Salz und Pfeffer würzen.

Bereiten Sie die Sauce zu:

50 g kalte Butter

Die Herzen aus dem Rohr nehmen, Fäden und Netz entfernen, warmstellen. Die Sauce durch ein Tuch passieren und dicklich einkochen lassen. Mit den kalten Butterstücken aufmontieren. Eventuell etwas nachwürzen.

Zum Servieren:

In die Mitte des Tellers das Kohlgemüse geben. Die in Scheiben geschnittenen Herzen darauflegen und mit der Sauce umgießen.

Weinempfehlung: Domäne Wachau, Rotwein Barrique Allier

Gekochter Kalbskopf in Krensauce

Einkauf (für 2 Personen):

Bereiten Sie den Kalbskopf zu:

1/2 Kalbskopf, 1/4 l tr. Weißwein (Steinfeder), 1 Thymianzweig, 1 Rosmarinzweig, 1 Lorbeerblatt, 1 Knoblauchzehe, 1 Zwiebel, 1/2 l klare Kalbsknochensuppe

Den entbeinten Kalbskopf gut wässern, 15 Minuten blanchieren, dabei immer gut abschäumen. Den Kalbskopf kalt abspülen.
Aus den restlichen Zutaten einen Sud herstellen und den Kalbskopf darin weichkochen.

Bereiten Sie die Sauce zu:

1 Eigelb, etwas Butter, frischen Kren (Meerrettich), etwas Sahne/Obers, Salz, Pfeffer, etwas Zitronensaft

Etwas Kalbskopfsud und das Eigelb über Dampf heiß aufschlagen. Zu der cremigen Masse etwas Butter geben, zum Schluß den Kren und die Sahne/Obers hinzufügen.
Mit Salz, Pfeffer und Zitrone abschmecken.

Zum Servieren:

frischer Kren (Meerrettich), gehackte Petersilie

Das Fleisch der Länge nach in Scheiben schneiden und auf einem vorgewärmten Teller anrichten, mit der Sauce umgießen und mit frischem Kren und gehackter Petersilie garnieren.

Weinempfehlung: Grüner Veltliner Steinfeder, Ried Heizenleithen

Geräucherte Gänsebrust mit Melone

Einkauf (für 4 Personen):

1 Gänsebrust (ca. 400 g)
Salz
Pökelsalz
weißer Pfeffer
Basilikum

Pökeln und räuchern Sie die Gänsebrust:
Aus ¼ Pökelsalz und ¾ Salz eine Pökelmischung bereiten und etwas gemahlenen weißen Pfeffer und feingehacktes Basilikum beifügen. Die Gänsebrust in dieser Mischung wälzen und anschließend in ein Geschirr geben, in dem sie vier Wochen lang unter Druck gepökelt wird. Dann die Gänsebrust mit der Haut nach unten auf ein Gitter geben und einen Tag lang nicht zu kalt räuchern.

Netzmelone
Basilikumblätter

Zum Servieren:
Die Gänsebrust in dünne Scheiben schneiden und abwechselnd eine Scheibe Brust und eine Scheibe Melone zu einem Stern anrichten. Mit Basilikumblättern garnieren.

Geräucherte Gänsebrust ist gut 4 Wochen haltbar.

Weinempfehlung: Dürnsteiner Auslese, Müller-Thurgau

Junger Spargel mit Wachteleiern in Kräutersauce

Einkauf (für 2 Personen):

600 g frischen Spargel

Kochen Sie die Spargeln:
Den Spargel schälen, in Salzwasser mit etwas Butter nicht zu weich kochen und in Kochwasser abkühlen lassen.

4 Wachteleier
1 Joghurt, 200 g fr. Kräuter (Kerbel, Schnittlauch, Sauerampfer, Petersilie usw.), Salz, Tabasco, Olivenöl, Sherryessig

Machen Sie die Sauce:
Die Eier 4 Minuten kochen und kalt abschrecken. Die Kräuter grob hacken und danach mit dem Joghurt, etwas Essig und Olivenöl im Mixer zu einer sämigen Sauce schlagen. Mit Tabasco und Salz abschmecken.

Einige schöne Salatblätter
gerupfter Kerbel

Zum Servieren:
Salatblätter auf Tellern anrichten, die Spargel daraufgeben, mit grüner Sauce nappieren und mit gerupftem Kerbel garnieren.

Weinempfehlung: Grüner Veltliner, Steinfeder, Ried Hochrain, Wösendorf

Kalbsbriesragout mit Pilzen

Einkauf (für 4 Personen):

400 g Kalbsbries
1 Zitrone
Salz

4 Blätterteigstückchen ca. 5 x 5 cm
1 Eigelb zum Bestreichen

20 g feingeschnittene Schalotten
Butter
1/8 l Weißwein (Grüner Veltliner)
200 g Pilze
etwas Geflügelfond
1/4 l Obers/Sahne
frische Kräuter (Kerbel, Petersilie)
Salz, Pfeffer aus der Mühle

Bereiten Sie das Bries vor:
Das Kalbsbries 4—5 Stunden entwässern, dann mit kaltem Wasser, Salz, Zitronensaft zustellen und aufkochen lassen, ca. 5 Minuten kochen und 5 Minuten ziehen lassen. Kurz abschrecken und die Haut abziehen. In einzelne Rosen zerteilen.

Backen Sie den Blätterteig:
Den Blätterteig mit Eigelb bestreichen und auf mit Wasser bespritztes Blech legen, ca. 5—6 Min. backen.

Bereiten Sie die Sauce zu:
Schalotten in Butter leicht anlaufen lassen, mit Weißwein ablöschen und ganz einkochen, blättrig geschnittene Pilze zugeben, gut durchrösten, mit Fond und Sahne/Obers aufgießen, Briesröschen zugeben, kurz aufkochen lassen, abschmecken, Kräuter unterrühren.

Zum Servieren:
Vom Blätterteig den Deckel abheben, den Boden auf ein Teller setzen, Ragout darübergeben, Blätterteigdeckel aufsetzen.

Weinempfehlung: Grüner Veltliner Kabinett, Ried Kellerberg, Dürnstein

Karpfensülze auf Vogerlsalat

Einkauf (für 8 Personen):

1 Spiegelkarpfen 1,8 kg
1,3 kg Schweinsschwarten, 1/2 l Weißwein tr., 5 l Wasser, 1 kl. Sellerie
2 Petersilienwurzeln, 2 Karotten, 1 kl. Lauch, 3 Lorbeerblätter, 1 Bd. Petersilie, 2 Bd. Dille
1 Pkt. Safran
3 Knoblauchzehen
20 weiße Pfefferkörner, 5 Wacholderbeeren, Schnittlauch

100 g Vogerlsalat
2 EL Kürbiskernöl
2 TL Apfelessig
Salz
Pfeffer

Bereiten Sie den Karpfen vor:
Die Schwarten gut auswässern und mit Wasser und Weißwein kalt zustellen. Den Karpfen filetieren, die Karkassen gut auswässern und zu den Schwarten geben. Die Karpfenfilets im Rohr bei 200 Grad Celsius ca. 12 bis 15 Minuten pochieren (mit etwas Fischfond oder Weißwein), auskühlen lassen, das Wurzelwerk und die Gewürze zu den Schwarten geben, alles auf ca. ½ l Flüssigkeit einkochen, gut würzen, durch ein feines Tuch abseihen und kaltstellen. Die Karpfenfilets in Würfel schneiden, mit dem Gemüse, Schnittlauch und Dille vorsichtig vermischen, leicht würzen und in die Kastenform füllen. Mit dem abgekühlten Fond begießen und mindestens 12 Stunden kaltstellen.

Bereiten Sie den Vogerlsalat vor:
Vogerlsalat gut waschen und trockenschleudern, mit Essig und Öl anmachen, Salz und Pfeffer hinzugeben und gut durchmischen.

Vollenden Sie das Gericht:
Die gut gekühlte Karpfensülze auf ein Schneidbrett stürzen, Scheiben herunterschneiden (gut schneidendes Messer oder Elektromesser), auf Vorspeisenteller legen und den Vogerlsalat rundherum geben. Die Sülze mit der restlichen Marinade beträufeln, die in der Schüssel bleibt.

Weinempfehlung: Grüner Veltliner Kabinett, Ried Vorderseiber, Weißenkirchen, Grüner Veltliner Steinfelder, Ried Heizenleithen, St. Michael

Mousse vom geräucherten Wolfgangsee-Saibling mit Sauerrahmsauce

Einkauf (für 2 Personen):

250 g geräucherten Saibling, 80 g bunter Saisonsalat, 20 g Kresse

100 g Butter, 5 EL Sahne/Obers

1 EL Mayonnaise (mild), 2 EL Sauerrahm, 1 TL gehackter Dill

bunter Saisonsalat

Bereiten Sie die Zutaten vor:
Den Saibling filetieren und die Salate putzen.

Bereiten Sie den Saibling zu:
Die Saibling-Filets durch ein Haarsieb passieren, die Butter ausrühren. Den passierten Fisch dazugeben und die Sahne/Obers langsam einrühren.

Machen Sie die Sauerrahmsauce:
Mayonnaise und Sauerrahm glattrühren und das Dillkraut dazugeben.
Achtung: Keine Gewürze verwenden, da geräucherter Saibling bereits genug Würze besitzt!

Zum Servieren:
Mit einer Stern-Tülle auf der rechten Tellerseite das Saibling-Mousse dressieren. Links einen sehr leicht marinierten Saisonsalat auflegen und die Sauerrahmsauce vor das dressierte Saibling-Mousse ziehen.

Dies ist ein sehr farbenprächtiges Gericht!

Weinempfehlung: Riesling Kabinett, Kirchengärten Wösendorf, Weißenkirchen

Rote Schlutzkrapfen

Einkauf (für ca. 50 Stück):

110 g doppelgriffiges Mehl, 110 g Hartweizengrieß, 20 g Öl, 1 Ei, Salz
60 g Rohnensaft (Rote-Beete-Saft)

70 g Butter, 1 Eigelb, 1 Eiweiß, 200 g Topfen (Quark), 15 g Mehl, 100 g Ziegenkäse, grober weißer Pfeffer, Rosmarin, Salz

1/8 l Hühnerconsommé
1/8 l Sahne
Salz
Pfeffer
etwas Zitronensaft
20 g Kren
20 g Butter

Machen Sie den Teig:
Die gesamten Zutaten zu einem nicht zu zähen Teig verarbeiten. Der Teig braucht jedoch nicht zu rasten.

Bereiten Sie die Fülle zu:
Butter und Eigelb schaumig rühren, Topfen und Käse untermengen und würzen, zuletzt geschlagenes Eiweiß und Mehl unterziehen.

Machen Sie die Krensauce:
Hühnerconsommé und Sahne/Obers zur Hälfte einkochen und würzen, Kren und Butter untermixen und die Sauce mit einem Suppenlöffel geschlagener Sahne legieren.

Vollenden Sie das Gericht:
Den Nudelteig ausrollen, mit einem runden Ausstecher (Durchmesser 7,5 cm) ausstechen, mit der Käsefüllung füllen, eine Hälfte mit Ei bestreichen und zukleben. Schlutzkrapfen in Salzwasser 4 bis 5 Minuten kochen.

Zum Servieren:
Schlutzkrapfen auf einem Tuch abtropfen lassen, auf Tellern anrichten und mit der Krensauce nappieren.

Weinempfehlung: Grüner Veltliner Steinfeder, Heizenleithen, St. Michael

Salat aus Kalbskutteln in Estragon-Riesling-Vinaigrette

Einkauf (für 2 Personen):

250 g Kalbskutteln
$^1/_8$ l Weißwein (Riesling), Salz, 1 kleine Zwiebel, 1 gekochtes Ei, Vogerl- (Rapunzel)- und Friséesalat

$^1/_2$ EL Estragonessig
etwas Dijon-Senf
2 EL Olivenöl
1 cl Weißwein (Riesling)

1 Fleischtomate
gehackter Schnittlauch

Bereiten Sie die Zutaten vor:
Die Kutteln in einer Mischung aus 1 l Wasser und $^1/_8$ l Weißwein und etwas Salz kochen und anschließend in feine Streifen schneiden.
Die Zwiebel fein hacken. Den Salat waschen, das Ei hacken.

Bereiten Sie die Vinaigrette zu:
Die Zwiebel mit den restlichen Zutaten vermischen, zum Schluß das gehackte Ei dazugeben.

Zum Servieren:
Die Salate dekorativ auf einem Teller anrichten, die Kutteln daraufgeben und mit der Vinaigrette überziehen. Mit der Fleischtomate und gehacktem Schnittlauch überziehen.

Weinempfehlung: Riesling-Kabinett, Kirchengärten Wösendorf/Weißenkirchen

Salat vom Kalbsbries auf Kerbelsauce

Einkauf (für 1 Person):

60 g Kalbsbriesscheiben
Salz, Pfeffer, etwas Mehl, 30 g Butter

Saft einer halben Zitrone, 1 EL Nußöl, 2 EL Sahne/Obers, Salz, Cayenne-Pfeffer, weißer Pfeffer aus der Mühle, gezupfter Kerbel

Kopfsalatherzen

Braten Sie die Kalbsbriesscheiben:
Die Kalbsbriesscheiben mit Salz und Pfeffer würzen, in Mehl wenden und in heißer Butter beidseitig goldgelb braten.

Machen Sie die Kerbelsauce:
Die Zutaten (mit Ausnahme des Kerbels) zu einer Sauce verrühren, zum Schluß viel gezupften Kerbel hinzufügen.

Zum Servieren:
Die Kalbsbriesscheiben auf Kopfsalatherzen anrichten und mit der Kerbelsauce überziehen.

Weinempfehlung: Grüner Veltliner Kabinett, Ried Vorderseiber, Weißenkirchen

Spargelsalat mit Kräuterrührei und gebeiztem Felchenkaviar

Einkauf (für 4 Personen):

12 Spargelstangen (weiß oder grün), Wasser, Weißwein, Zucker, Zitronensaft, etwas Butter, 1 EL Brunoise von roten Paprikaschoten, 1 EL Brunoise von gelben Paprikaschoten, 1/8 l Vinaigrette, 2 EL gehackte Schalotten, Kräuter je nach Saison: Petersilie, Kerbel, Dill, Schnittlauch, Estragon Zitronenmelisse (sparsam)

2 Eier, 2 EL Obers/Sahne, 2 EL frisch gehackte Kräuter

120 g gebeizten Felchenkaviar

Bereiten Sie den Spargelsalat:
Mit Wasser, Weißwein, Zitronensaft, Salz, Zucker und Butter einen Spargelsud bereiten und den geschälten Spargel darin garen. Abtropfen lassen, halbieren und auf leicht vorgewärmten Tellern anrichten.
Die Vinaigrette mit den Schalotten und den Kräutern vermengen und über den Spargel gießen.

Machen Sie das Kräuterrührei:
Eier und Obers/Sahne miteinander leicht aufschlagen, die Kräuter hinzufügen und in einer Pfanne bis zur richtigen Konsistenz backen.

So richten Sie an:
Den Spargelsalat mit etwas Kräuterrührei und Felchenkaviar garnieren.

Weinempfehlung: Grüner Veltliner Steinfeder, Ried Heizenleithen, St. Michael

Stangensellerie mit warmer Schnittlauchvinaigrette

Einkauf (für 4 Personen):

1 Bund Stangensellerie mit Blättern

4 kleine Schalotten
3 EL Olivenöl
3 TL Balsamicoessig
2 EL Weißwein
1 Messerspitze englischen Senf
40 g Butter
1 Bund Schnittlauch
Salz
Pfeffer

Richten Sie den Sellerie her:
Den Sellerie zerteilen, die inneren, zarten Teile schälen (oder die Fäden ausziehen), die zarten gelben Blätter aufheben. Den Sellerie in ca. 8 cm lange Stücke schneiden, in ein Glas mit zerstoßenem Eis stecken und kalt stellen.

Bereiten Sie die Vinaigrette zu:
Die gehackten Schalotten in Olivenöl ansautieren, mit dem Weißwein ablöschen, den Essig und den Senf hinzufügen und mit der kalten Butter aufmontieren. Leicht salzen und pfeffern. Die zarten Sellerieblätter und den Schnittlauch hacken, in die Vinaigrette geben.

Zum Servieren:
Die Vinaigrette wird warm serviert, man nimmt den Sellerie aus dem Eis und tunkt ihn in der warmen Sauce.

Weinempfehlung: Grüner Veltliner Kabinett, Ried Vorderseiber, Weißenkirchen

Steinpilzparfait

Einkauf (für 12—15 Personen):

1 l geputzte geschnittene Steinpilze
2 Schalotten, fein geschnitten

70 cl gemixte Steinpilze à la Creme, 8 Eigelb, 100 g Geflügelleber, 100 g entwässertes Kalbshirn, in Scheiben geschnittenen grünen Speck zum Auskleiden der Terrinenform, Salz, Muskat, Pfeffer aus der Mühle

Blattsalate
in Nußöl sautierte Steinpilze

Bereiten Sie die Steinpilze à la Crème zu:
Steinpilze mit Schalotten und Crème Fraîche à la Crème zubereiten und mixen.

Machen Sie das Steinpilzparfait:
Die gesamten Zutaten gut mixen und in die Terrinenform füllen, welche mit Speck ausgelegt wurde. Bei ca. 170 Grad Celsius im Wasserbad ca. 40 Minuten garen. Ca. 8 Stunden kalt stellen.

Zum Servieren:
Eine schöne Scheibe von dem Parfait abschneiden. Diese in die Mitte des Tellers legen und mit Blattsalaten und mit in Nußöl sautierten Steinpilzen garnieren.

Weinempfehlung: Riesling Steinfeder, Ried Achleiten, Weißenkirchen

Tartare vom Wildlachs

Einkauf (für 4 Personen):

300 g Lachs, 1 Zitrone, Dille, Lauch, Zwiebel

2 EL Olivenöl, 1/2 EL Kräuter- oder Weinessig, halbe Zitrone, Prise Meersalz, Butter, Toastscheiben, etwas Blattsalat, Prise Staubzucker, weißer Pfeffer aus der Mühle

Bereiten Sie die Zutaten vor:
Den Lachs filieren, an der Hautseite entfetten und in kleinste Würfel schneiden. Etwas Dille hacken, eine Lauchzwiebel fein hacken.

Bereiten Sie die Marinade vor:
2 Löffel gutes Olivenöl, 1/2 Löffel Wein- oder Kräuteressig, Saft von einer halben Zitrone, Meersalz, weißer Pfeffer aus der Mühle, die gehackte Dille, die gehackte Lauchzwiebel dazu, alles gut durchmischen, in eine Glasschüssel geben, das gehackte Lachstartare mit der Marinade dazugeben. Mit einer Prise Staubzucker verfeinern.

Zum Servieren:
Sie formen das Tartare zu einer gefälligen Form und umlegen es mit marinierten Blattsalaten (z. B. Vogerl, Frisèe) und servieren die Toastscheiben mit Butter separat.

Weinempfehlung: G'mischter Satz Steinfeder, Ried Zornberg, Spitz

Cremesuppe von jungen Brennesseln mit Eistichscheiben

Einkauf (für 4 Personen):

2 Eier
1/8 l Consommé oder Milch
Salz

30 g Butter zum Ansetzen
30 g glattes Weizenmehl
100 g junge Brennesselblätter
1/4 l Schlagobers/Sahne
0,6 l Hühnerbouillon
10 g Butter zum Bräunen
30 g Butter zum Montieren
Salz
geriebene Muskatnuß
etwas Knoblauch

Bereiten Sie den Eistich zu:
Die rohen Eier mit Consommé oder Milch verrühren, mit Salz und Muskatnuß würzen. Das Eigemisch in geölte Dariolformen oder dünne Plastikdärme füllen. Diese langsam im Wasser bei 80 Grad pochieren, bis die Masse gestockt ist. Den Eistich überkühlen. Aus dem Kunstdarm die Förmchen stürzen. Den Eistich in Scheiben schneiden.

Kochen Sie die Suppe:
Die Butter schmelzen, das Mehl beigeben, gut verrühren und mit Obers und Suppe aufgießen. Die Suppe zum Kochen bringen. Die gewaschenen und entstielten Brennesseln beifügen. 2 Minuten kochen lassen. Mit Salz, Muskatnuß, etwas Knoblauch würzen. 10 g Butter bräunen, Suppe und Butter in einen Mixer füllen oder mit einem Stabmixer mixen. Die Suppe mit restlicher Butter aufmontieren.

Vollenden Sie die Suppe:
Den Eistich in vier Teller (Tassen) verteilen, mit heißer Brennesselsuppe auffüllen.

Die Suppe kann man noch mit einem Obershäubchen verfeinern. Dazu reicht man Blätterteiggebäck.

Weinempfehlung: Grüner Veltliner Kabinett, Ried Vorderseiber, Weißenkirchen

Kresserahmsuppe mit Wachtelei

Einkauf (für 4 Personen):

150 g Kresse
50 g Blattspinat
8 frische Wachteleier

3/8 l Sahne/Obers
1/4 l Geflügel- oder Rindsuppe
Kren
Salz
Weißer Pfeffer aus der Mühle
frische Kresse zum Garnieren

Bereiten Sie die Kresserahmsuppe vor:
Die Kresse und den Blattspinat kurz blanchieren und im Eiswasser abschrecken. Im Mixer sehr fein pürieren. Die Wachteleier kochen (2,40 Minuten) und in Eiswasser abschrecken, schälen.

Vollenden Sie die Kresserahmsuppe:
Sahne/Obers und Suppe erhitzen, das Kressepüree einschlagen, mit Kren, Salz und weißem Pfeffer aus der Mühle würzen. Im Mixer kurz aufschäumen und in heiße Bouillontassen füllen. Mit frischer Kresse garnieren, die Wachteleier kurz erwärmen und in die Suppe geben.

Weinempfehlung: Riesling-Kabinett, Ried Achleiten, Weißenkirchen

Riesling-Sylvaner-Cremesuppe

Einkauf (für 5 Personen):

1/2 l Riesling-Sylvaner, 3 Eigelb
Salz, etwas Zimt
Suppenwürze
1/4 l Sahne/Obers
1 EL Maizena
starke Rindsuppe

Bereiten Sie die Suppe zu:
Den Riesling-Sylvaner mit dem Eigelb, mit Salz, Zimt und Suppenwürze über Dunst schaumig schlagen. Sahne/Obers und Maizena versprudeln und hinzufügen, eindicken lassen. Zuletzt mit einer starken Rindsuppe aufgießen.

Käsestangerl

Zum Servieren:
In die Suppe aus Blätterteig gebackene Käsestangerl einlegen.

Weinempfehlung: Riesling Kabinett, Kirchengärten Wösendorf, Rossatzer Steinfeder, Riesling-Sylvaner

Veltliner Käsesuppe

Einkauf (für 4 Personen):

1,5 l Wasser
2 Hühnerkarkassen
1 mittlere Karotte
1 kl. Lauch
1 kl. Petersilienwurzel
1 Stange Englischsellerie
1 kl. Gewürzzwiebel
Salz, Pfefferkörner

Machen Sie die Hühnerbouillon:
Schneiden Sie die Hühnerkarkasse mit der Geflügelschere klein, gießen Sie mit heißem Wasser auf und bringen Sie alles in einem Topf zum Kochen.
Abgießen und das Ganze nochmals mit kaltem Wasser aufgießen.
Geben Sie das geputzte und geschnittene Wurzelwerk, Salz und Pfefferkörner dazu und kochen Sie alles bei leichter Hitze, bis sich die Brühe klärt.
Zum Schluß gießen Sie alles durch ein feines Sieb.

1/2 l Grüner Veltliner
200 g Bergkäse
150 g Crème fraîche
2 Eigelb
1/8 l Sahne/Obers
60 g gesalzene kalte Butter
Salz
Pfeffer aus der Mühle
Muskatnuß
30 g Butter
20 g Mehl

Bereiten Sie die Käsesuppe zu:
Aus der Butter und dem Mehl eine leichte Mehlschwitze bereiten und diese mit dem Wein und einem Liter Hühnerbouillon aufgießen. Crème fraîche beigießen und bei mittlerer Hitze 10 Minuten kochen.
Durch ein feines Haarsieb drücken, Käse beifügen und nochmals leicht zum Kochen bringen.
Die Suppe mit Pfeffer, Salz und Muskat abschmecken und mit Eigelb und Sahne legieren (die Suppe darf dann nicht mehr kochen). Nun mit dem Mixstab die gesalzene Butter in die Suppe einarbeiten.

1/2 Bund Kerbel
Weißbrotcroûtons

Zum Servieren:
Die Suppe in tiefe Teller verteilen, Weißbrotcroûtons darauf und etwas gehackten Kerbel darüber geben.

Weinempfehlung: Grüner Veltliner Kabinett, Ried Kellerberg/Dürnstein

Aal in Riesling

Einkauf (für 6 Personen):

120 g Schalotten
120 g Lauch
200 g Champignons
120 g Tomaten

Bereiten Sie die Zutaten vor:
Schalotten schälen und feinwürfelig schneiden. Lauch putzen, der Länge nach halbieren, waschen und feinwürfelig schneiden.
Champignons waschen und vierteln.
Tomate in heißes Wasser tauchen, enthäuten, halbieren, innere Kerne entfernen und Tomate in grobe Würfel schneiden.

900 g Aalfilets (6 Stücke à 150 g), enthäutet und entgrätet

Bereiten Sie die Aale vor:
Das dunkle Fett vom Aal abschneiden oder abschaben. Sie benötigen 6 Stücke à 150 g.

40 g Butter
Salz
Pfeffer
Lorbeer
Thymian
1/4 l trockener Riesling
1/4 l Obers/Sahne

Vollenden Sie das Gericht:
Die Hälfte der Butter in einer Kasserolle erhitzen.
Aalfilets salzen und pfeffern und in der Butter beidseitig kurz anbraten.
Schalotten, Lauch und Thymian zugeben.
Riesling zugeben und ca. 5 Minuten kochen lassen.
Obers/Sahne zugeben und ca. 5 Minuten weiterkochen.
Aalstücke herausnehmen und warmstellen.
Die Sauce bei starker Hitze einreduzieren, bis sie sämig wird, dann durch ein feines Sieb passieren.
Würzen mit Salz und weißem Pfeffer aus der Mühle.
Die restliche Butter in einer Pfanne aufschäumen, darin Pilze und Tomatenwürfel schwenken, salzen und pfeffern.

Zum Servieren:
Das Champignon-Tomaten-Ragout in die Mitte der heißen Teller verteilen und je 3 Aalfilets herumlegen, diese mit der Sauce nappieren.

Dazu passen hausgemachte Roggennudeln.

Weinempfehlung: Riesling Kabinett, Kirchengärten, Weißenkirchen

Eglifilet vom Bodensee auf Zucchini und brauner Butter

Einkauf (für 4 Personen):

2 Zucchini
1 Zwiebel
1 Tomate
1 alte Semmel
1 Bund Petersilie

Bereiten Sie die Zutaten vor:
Zucchini waschen und schräg in lange Scheiben, einen halben Zentimeter dick, schneiden und auf einen Teller legen. Zwiebel nudelig schneiden und Petersilie hacken, Tomaten schälen, entkernen und würfelig schneiden. Eine alte Semmel entrinden und feine Brösel daraus reiben.

Olivenöl
Salz
frischgemahlener Pfeffer
1 Knoblauchzehe

Bereiten Sie die Zucchini vor:
Olivenöl in Pfanne heiß werden lassen, Zucchinischeiben mit Salz, frisch gemahlenem Pfeffer und Knoblauch würzen und in der Pfanne braun braten, Zwiebel dazugeben, salzen und glasig werden lassen, dann Tomatenwürfel dazugeben.

500 g Kipfler
Salz, Kümmel
etwas Butter

Bereiten Sie die Kipflerkartoffeln vor:
Kartoffeln in Salz-Kümmel-Wasser weichkochen und in Butter und Petersilie schwenken.

500 g Eglifilets
1 EL Butter
1 TL Kümmel
frischgemahlener Pfeffer
2 Zitronen

Bereiten Sie die Eglifilets vor:
Eglifilets salzen, mit frisch gemahlenem Pfeffer und Zitronensaft würzen und in Weißbrotbrösel wenden.
In der Pfanne Butter aufschäumen lassen. Eglifilets eine Minute rasch braten.

Zum Servieren:
Auf heißem Teller Zucchinischeiben fächerartig anrichten, Zwiebel und Tomatenwürfel auf Zucchini draufgeben; auf andere Hälfte der Zucchini Eglifilets plazieren und mit gesalzener brauner Butter übergießen.

Petersilienkartoffeln dazu servieren.

Weinempfehlung: Riesling Kabinett, Bürgerspital Allerheiligen/Spitz

Flußkrebse in Roggenteigtascherl

Einkauf (für 2 Personen):

100 g Roggenmehl
50 g glattes Mehl
1 ganzes Ei
1 EL warmes Wasser
1 EL Olivenöl

Bereiten Sie den Roggenmehlteig:
Alle Zutaten zusammenmengen und zu einem Teig kneten. (Wenn Sie eine Nudelmaschine haben, können Sie den Teig etwas fester halten, sonst — für das Wellholz — etwas weicher.)

6 Stück lebende schöne Krebse
1,5 l Wasser
1/4 l trock. Weißwein
50 g Salz (Meersalz), etwas Petersilie, wenig Thymian und Lorbeer, Estragon, Kerbel,
1/2 Karotte (Möhre)
2 Schalotten in Ringen, 15 Pfefferkörner

Kochen Sie die Krebse im Würzsud:
(Den Krebs zuerst mit dem Kopf in den Wurzelsud, um ihn zu betäuben.)
Nach dem Betäuben des Krebses das mittlere Schwanzstück leicht drehen und den Darm entfernen, den Krebs sofort in kochendes Wasser geben und ca. 4 Minuten kochen lassen.
Herausnehmen und Schwanz und Scheren ausbrechen. Den Sud bis zu einem Drittel (ohne Kräuterbündel) einkochen lassen.

15 cl Krebssud, 2 EL trockener Weißwein, 3 EL Obers/Sahne, 1 EL Noilly Prat (tr. Vermouth), 10 g Butter, 10 g Krebsenbutter, 3 Basilikumblätter, in Streifen geschn., Salz

Zubereitung der Saucen:
Den Wein, Krebssud und Noilly Prat auf ein Viertel einkochen lassen, die Sahne/Obers dazugeben, ebenfalls sämig einkochen, danach die Krebsenbutter und Butter einmontieren — nicht mehr aufkochen lassen, würzen und zum Schluß die Basilikumblätter dazugeben.

6 ausgebrochene Krebse
1/2 Karotte in Streifen
1/4 Sellerie in Streifen
1/4 Lauch in Streifen
1/4 gelbe Möhre (Karotte)
10 g Butter
1/2 EL Pernod
1 EL trockener Weißwein

So bereiten Sie die Fülle für Teigtaschen:
Gemüsestreifen in Butter, Pernod und Weißwein kurz dämpfen, mit grobem Salz und Pfeffer abschmecken und die Krebse dazugeben und dann erkalten lassen.

So füllen Sie die Roggenteigtaschen:
Den Teig dünn ausrollen, auf ca. 9 cm Durchmesser ausstechen, den Rand mit Ei bestreichen, mit den Krebsen und Gemüsestreifen halb füllen und halb zusammenklappen. In Krebssud ca. 5 Minuten kochen lassen. Dann anrichten und mit der Sauce umgeben.

Weinempfehlung: Rossatzer Steinfeder, Riesling-Sylvaner

Gebeizte Lachsforelle in Dillsauce

Einkauf (für 8 Personen):

1 Lachsforelle (1500 g), 125 g Salz, 125 g Pökelsalz, 165 g Zucker, 1/2 Zitrone, 1/2 Orange, 2 kl. Karotten, 1 kl. St. Sellerie, 85 g Dill, 1 TL Koriander, 1/2 TL Wacholder, 1 TL Pfefferkörner

Bereiten Sie die Beize vor:
Karotten, Lauch und Dill grob faschieren (grob hacken), Koriander, Wacholder und Pfefferkörner im Mörser stoßen.
Orange und Zitrone auspressen und in Stücke schneiden. Alles mit Salz und Zucker vermischen und eine Stunde ruhen lassen.
Lachsforelle filieren und 20 Stunden in Beize legen.
Nach der Beizzeit 2 Tage ruhen lassen.

500 g Kartoffeln
3 Eier
25 g Mehl
25 g Butter
2 EL Sahne/Obers
Pfeffer, Salz, Muskat, Petersilie

Bereiten Sie die Erdäpfelplätzchen vor:
Kartoffeln in der Schale kochen — schälen und passieren —, davon 300 g mit drei Eigelb, Mehl und zerlassener Butter vermischen; würzen Sie mit Salz, Pfeffer, Muskat und Petersilie, mit zwei Eischnee und geschlagener Sahne/Obers aufziehen. Masse mit Eßlöffel in heißer Pfanne portionieren und beidseitig backen.

2 Eier
Kremser Senf
Öl
1 Bund Dill

Bereiten Sie die Senf-Dill-Sauce vor:
2 Eigelb mit 6 Tropfen Balsamessig, 2 EL Kremser Senf und Öl zu einer Sauce rühren, mit Salz, Pfeffer, Zucker und gehacktem Dill abschmecken.

Dill
1 Zitrone

Zum Servieren:
Auf einer Seite des Tellers dünn tranchierte Lachsforelle auflegen, 1 EL Dillsauce placieren und ein Erdäpfelplätzchen auflegen. Garnieren mit Dillsträußchen und Zitronenschnitzel.

Weinempfehlung: Riesling Kabinett, Ried Achleiten, Weißenkirchen

Lachsschnitte unter einer Teigkruste in Riesling

Einkauf (für 4 Personen):

120 g Weizenmehl
40 g Zucker, 100 g Butter, 2 ganze Eier
1/2 Glas Weißwein
Salz

Machen Sie den Teig:
Zucker und Eigelb mit dem Schneebesen verrühren, wie beim Biskuitteig zerlassene Butter und Mehl daruntermischen. Anschließend den Weißwein dazugeben und das steifgeschlagene Eiweiß darunterheben.

600 g Lachs
einige Basilikumblätter
Salz
Pfeffer

Bereiten Sie die Lachsschnitte zu:
Den Lachs würzen, mit Basilikumblättern belegen, auf ein Gitter legen und mit dem Teig dünn überziehen. Sofort in ein vorgeheiztes Rohr schieben. (Unter das Gitter ein Tropfblech geben, welches mit 2—3 cm Wasser gefüllt ist.) Übergießen und noch 2—3mal wiederholen, bis die Kruste etwa 1 cm dick ist.
Nach dem Backen ca. 5 Minuten rasten lassen und mit dem Sägemesser in ca. 2 cm dicke Tranchen schneiden.

1/4 l Fischfond
1 cl Noilly Prat (trockener Vermouth)
4 cl Riesling
2 cl Crème double
30 g Butter

Machen Sie die Sauce:
Fischfond, Wermut und Riesling auf 2/3 einkochen. Crème double beigeben, kurz aufkochen und mit Butter aufmixen.

Zum Servieren:
Die Sauce auf Teller setzen, die Lachstranchen darauflegen.

Dazu passen Staudensellerie und Trüffel Julienne.

Weinempfehlung: Riesling Achleiten, Steinfeder

Medaillons vom Seeteufel mit Lauch

Einkauf (für 1 Person):

100 g Lauch
30 g Butter
Salz
weißer Pfeffer aus der Mühle
60 g Eiweiß

Bereiten Sie den Lauchflan:
Den feingeschnittenen Lauch (mittlere, hellgrüne Teile) in Butter weichdünsten, darauf achten, daß sämtliche Flüssigkeit verdampft. Den Lauch pürieren, mit Salz und weißem Pfeffer würzen. Das Eiweiß schlagen, unter das Püree ziehen, in gebutterte Förmchen füllen, mit Alufolie abdecken und im Wasserbad ca. 12 Minuten bei 250 Grad Celsius im Ofen garen.

30 g Butter
etwas Fischfond
etwas Sahne/Obers
Salz
Pfeffer
60 g Butter

Machen Sie die Lauchsauce:
Die weißen Teile des Lauchs fein schneiden, in Butter weichdünsten, pürieren, mit etwas reduziertem Fischfond verlängern, mit wenig Sahne/Obers auffüllen, würzen und dann die Butter in die Sauce schlagen.

4 Seeteufelmedaillons à 50 g (pro Person)
Salz
Pfeffer

Garen Sie den Fisch:
Die Seeteufelmedaillons würzen und über Dampf garen.

Lauchstreifen zum Garnieren

Zum Servieren:
Die Sauce auf Teller geben, die Medaillons und den Lauchflan auf die Sauce setzen und mit grünen Lauchstreifen garnieren.

Weinempfehlung: Riesling Kabinett, Ried Achleiten, Weißenkirchen

Pochierte Forellenfilets mit Brennesselsauce

Einkauf (für 2 Personen):

2 Stück Forellen (ca. 300—400 g)
1/4 l tr. Weißwein
1/4 l Wasser
1 kl. Bund Petersilie
1 kl. Karotte
Pfefferkörner, 1 Lorbeerblatt, 1 kl. Zwiebel, Salz

80 g kalte Butter
50 g Brennesselblätter
1/8 l Obers/Sahne
Zitronensaft
frisch gemahlener Pfeffer

Brennesselblätter

Bereiten Sie die Forellen zu:
Die Forellen ausnehmen und gut waschen. Von dem Weißwein, dem Wasser, dem geputzten Gemüse und den Gewürzen einen Fond ca. 20 Minuten kochen. Danach den Fond abseihen, wieder auf den Siedepunkt bringen und die Forellen einlegen. Langsam pochieren. Die Forellen aus dem Sud nehmen, filetieren und warm stellen.

Machen Sie die Sauce:
1/8 l Fischfond auf die Hälfte reduzieren, mit den Brennesselblättern mixen, wieder erhitzen, mit Obers/Sahne aufgießen, mit den kalten Butterflocken montieren und mit Zitronensaft und Pfeffer abschmecken.

Zum Servieren:
Die warmen Forellenfilets auf heißen Tellern anrichten, die Sauce rundum geben und mit einigen Brennesselblättern garnieren.

Dazu passen Kipfler-Kartoffeln.

Weinempfehlung: Riesling Kabinett, 1000-Eimer-Berg/Spitz

Pochierter Waller mit Weißweinsauce und Kerbel

Einkauf (für 4 Personen):

1 l Wasser, 1/3 l Weißwein, ein Spritzer Weißweinessig, 1 Lauch, 1 Karotte, 1 Petersilienwurzel, 1 Lorbeerblatt, einige weiße Pfefferkörner, 1 Thymianzweig, eine Prise Salz, ca. 1,3 kg fangfrischen Waller

2 Schalotten
1/4 l Weißwein
1/8 l Fischsud
1/2 l Obers/Sahne
weißer Pfeffer aus der Mühle
Kerbel

Bereiten Sie den Fischsud zu:
Das Gemüse blättrig schneiden, mit Wasser, Weißwein und den restlichen Zutaten 10 Minuten kochen lassen. Den ausgenommenen, gewaschenen Waller in den nicht mehr kochenden Sud einlegen und 20 Minuten ziehen lassen.

Machen Sie die Weißweinsauce:
Die Schalotten mit Weißwein einkochen, mit Fischsud aufgießen und etwas reduzieren. Dann kommt das Obers dazu. Kurz einkochen, bis eine sämige Sauce entsteht. Nun wird die Weißweinsauce passiert, mit Pfeffer gewürzt und mit Butterflocken montiert.

Zum Servieren:
Den Waller aus dem Sud nehmen, filetieren und auf vorgewärmten Tellern anrichten. Etwas Weißweinsauce über die Filets geben und mit abgezupftem Kerbel bestreuen.

Weinempfehlung: Grüner Veltliner Steinfeder, Ried Heizenleithen, St. Michael

Pochiertes Zanderfilet auf Schnittlauchsauce

Einkauf (für 4 Personen):

2 Zander à ca. 800 g
Salz, Pfeffer
0,1 l Weißwein (Grüner Veltliner)
0,1 l Fischfond

1 Schalotte
0,3 l Weißwein
0,5 l Fischfond
1/4 l Sahne/Obers
Salz
Pfeffer
etwas Zitronensaft
Schnittlauch

Bereiten Sie den Zander zu:
Die Zander filetieren, enthäuten und die Gräten mit einer Pinzette herausziehen. Die Filets mit Salz und Pfeffer würzen. In einer ausgebutterten Kasserolle in Weißwein und Fischfond pochieren.

Machen Sie die Schnittlauchsauce:
Die feingeschnittene Schalotte in etwas Butter anschwitzen, mit Weißwein ablöschen und mit Fischfond aufgießen, auf die Hälfte reduzieren lassen. Danach erst mit Sahne/Obers aufgießen. Mit Salz, Pfeffer und etwas Zitronensaft abschmecken. Kleingeschnittenen Schnittlauch beifügen.

Zum Servieren:
Die Zanderfilets auf Schnittlauchsauce anrichten und mit Salzkartoffeln servieren.

Weinempfehlung: Grüner Veltliner, Ried Vorderseiber, Weißenkirchen, Spätlese trocken, Ried Kellerberg/Dürnstein

Roulade von Lachs und Hechtmousse im Brennesselblatt, Rieslingsauce und Lachskaviar

Einkauf (für 4 Personen):

150 g Hechtfilet
Salz, ca. 1/8 l Sahne/Obers

Bereiten Sie das Hechtmousse:
Das Hechtfilet salzen und, stark gekühlt, so lange durch den Fleischwolf drehen, bis es in sich bindet. Dann mit der Sahne/Obers zu einer luftigen Farce binden. Darauf achten, daß der Fisch nicht warm wird.

400 g Lachsfilet
zarte Brennesselblätter

Bereiten Sie die Roulade:
Die Brennesselblätter waschen und quadratisch (Seitenlänge = Länge des Lachsfilets) auf eine Plastikfolie legen und das Hechtmousse daraufstreichen. Das Lachsfilet mit Hilfe der Folie darin einwickeln und die Roulade in der Folie über Dampf ca. 10 Minuten garen.

1/8 l guter Fischfond
1/8 l Ried Achleiten
1/16 l Crème double
Salz

Machen Sie die Rieslingsauce:
Fischfond und Weißwein miteinander um die Hälfte einreduzieren lassen und dann die Creme double einmixen. Nach Belieben salzen.

20 g Lachskaviar
Brennesselblätter

Zum Servieren:
Zwei Löffel von der Sauce auf einen warmen Teller geben und zwei Scheiben von der Roulade darauflegen. Mit Lachskaviar und Brennesselblatt garnieren.

Dazu passen Salzkartoffeln.

Weinempfehlung: Jochinger Pinot blanc, Domäne Wachau

Steinbuttfilet mit Austernsauce auf Blattspinat

Einkauf (für 2 Personen):

1 kleiner Steinbutt (ca. 800 g)
2 Schalotten
15 g Butter
1/16 l Riesling
Salz und Pfeffer

Bereiten Sie den Steinbutt zu:
Den Steinbutt filetieren und die Gräten zerkleinern. Eine gebutterte, flache, feuerfeste Schüssel mit den gehackten Schalotten bestreuen und mit Salz und Pfeffer würzen. Darauf die Steinbuttfilets legen und mit dem Riesling untergießen. Die Gräten dazugeben, mit einer Alufolie bedecken und im Rohr auf den Punkt garen (ca. 15 Minuten).

200 g Spinatblätter
20 g Butter
Salz
Pfeffer
Muskat

Bereiten Sie den Blattspinat zu:
Den Blattspinat putzen und waschen. In kochendem Salzwasser kurz pochieren und im kalten Wasser mit Eiswürfeln darin abkühlen. Abseihen und auf einem Tuch abtrocknen. Den Spinat in Butter schwenken und mit Salz, Pfeffer und etwas Muskat würzen.

1/16 l Obers/Sahne
60 g Butter
Saft von einer halben Zitrone
6 Stück Austern
Pfeffer
Cayennepfeffer
eventuell Salz

Bereiten Sie die Sauce zu:
Die Filets herausnehmen und warmstellen, den Sud abseihen. Die Austern öffnen, die Flüssigkeit durch ein Tuch abseihen und in den Fischsud geben. Bis zur Dickflüssigkeit einkochen. Die Sahne/Obers dazugeben und auf die Hälfte reduzieren. Die Austern dazugeben und die kalte Butter einrühren. Mit Zitronensaft, Pfeffer, einer Spur Cayennepfeffer und eventuell Salz abschmecken.

Blätterteighalbmond
Dillzweig

Zum Servieren:
Den Spinat in die Mitte des Tellers geben, den Fisch darauflegen und mit der Sauce umgießen. Mit einem Blätterteighalbmond und einem Dillzweig garnieren.

Weinempfehlung: Riesling Kabinett, Kirchengärten Wösendorf/Weißenkirchen

Waller auf Spargelragout in Riesling

Einkauf (für 4 Personen):

600 g Wallerfilet (ca. 1,2 kg fr. Waller)
1/2 l Riesling
1/16 l tr. Vermouth
1/2 Zitrone
Salz, Pfeffer
30 g geklärte Butter
2 Wiesenchampignons
1 Schalotte
Salz
Pfeffer aus der Mühle

Bereiten Sie den Waller zu:
Die geklärte Butter in eine Kasserolle gießen (die Fischfilets müssen darin gut Platz haben), erhitzen und die geschnittenen Schalotten und Champignons darin anschwitzen. Dann mit dem Riesling und dem Vermouth ablöschen und alles zum Kochen bringen. Die gesalzenen, gepfefferten und mit Zitronensaft gewürzten Filets in den Fond legen und garen, bis sie halb durch sind. Den Fond bis auf einen kleinen Rest durch ein Sieb in eine Sauteuse gießen. Inzwischen die Filets mit Alufolie abdecken und an einen warmen Ort stellen, damit sie bis zum Anrichten durchziehen können.

200 g weißer Spargel
200 g grüner Spargel
2 l Wasser
Salz, Zucker
Zitronenscheibe

Bereiten Sie die Spargeln vor:
Die Spargeln sorgfältig schälen und jede Sorte zu einem Bund binden. Das letzte Drittel abschneiden und die Spargeln in mit etwas Zucker, Salz und der Zitrone versehenem Wasser kochen (nicht zu weich).
Die gegarten Spargeln zum Abtrocknen auf eine Stoffserviette legen.

2 Eigelb
1/8 l Spargelsud
100 g Crème fraîche
100 g weißer Spargel
100 g grüner Spargel
40 g kalte Butter

Bereiten Sie die Sauce zu:
Den Fond in der Sauteuse zum Kochen bringen. Die Creme fraîche beigeben und die Sauce reduzieren, bis sie sämig ist. Die kalte Butter mit dem Mixstab einarbeiten und die Sauce warmhalten. Die in der Länge halbierten Spargeln in 2 cm große Stücke schneiden und in der Sauce wärmen.
In einem Schneekessel über Dampf die 2 Eigelb und den Spargelsud zu einem Sabayon schlagen und unter die Spargelsauce ziehen.

1/2 Bund Petersilie

Zum Servieren:
Die Spargeln auf die Teller verteilen und das Filet darauflegen. Die Sauce darübergießen und mit gehackter Petersilie bestreuen.

Weinempfehlung: Riesling Steinfeder, Ried Achleiten, Weißenkirchen

Waller in Krenrahm

Einkauf (für 6 Personen):

300 bis 400 g Waller
1 Karotte
$^1/_2$ Sellerie
$^1/_4$ kg Kartoffeln
$^1/_8$ kg Butter
1 Ei
1 kleine Kren-/Meerrettichwurzel
$^1/_8$ l Obers/Sahne
1 alte Semmel
Salz
Essig
Muskatnuß
Lorbeer

Bereiten Sie die Zutaten vor:
Waller portionieren.

Bereiten Sie den Fischsud:
$^1/_4$ l Wasser, 1 Karotte, $^1/_2$ Zwiebel, 1 Sellerie, Lorbeerblatt, ein paar Pfefferkörner, Salz; alles 1 Stunde kochen lassen.

Bereiten Sie den Krenrahm:
Krenwurzel schälen und reiben, 1 Semmel entrinden und klein schneiden. Butter in die Kasserolle geben, das geschnittene Weißbrot dazu, mit $^1/_8$ l Fleischsuppe aufgießen, mit der Schneerute gut durchschlagen, aufkochen lassen, salzen, etwas Muskatnuß, den Kren dazu und mit Obers und Eidotter legieren. (Darf nicht mehr kochen, sonst stockt das Ei.) Mit einem Spritzer Essig abschmecken.

Garen Sie den Waller:
Den Waller im Fond kurz aufkochen, dann ziehen lassen. Auf heißem Teller den Krenrahm in die Mitte geben, das Wallerstück darauf setzen, mit den mitgekochten Karotten und Selleriestäbchen garnieren und die Kartofferln — olivenartig geformt — als Beilage ergänzen.

Kartoffeln im Sud vor- bzw. mitkochen.

Weinempfehlung: Ried Achleiten, Riesling Steinfeder, Weißenkirchen

Zanderfilet in der Sauce von roten Paprikaschoten gratiniert

Einkauf (für 4 Personen):

80 g feingeschnittene Schalotten, 80 g feingeschnittener Lauch, $^1/_4$ l Sahne/Obers, 1 rote Paprikaschote, $^1/_8$ l Sauce hollandaise, Salz, weißer und Cayennepfeffer, etwas Butter

1 mittelgroßer, filierter Zander
etwas trockener Weißwein
Butter für die Form
Salz
Pfeffer

Bereiten Sie die Sauce:
Die Paprikaschoten in Stücke schneiden, mit Schalotten und Lauch in etwas Butter anschwitzen, mit der Sahne/Obers aufgießen. Ca. 20 Minuten auf kleiner Flamme köcheln lassen, mixen, passieren und mit Cayennepfeffer, Salz und weißem Pfeffer abschmecken. Anschließend die Sauce hollandaise unterziehen.

Gratinieren Sie den Fisch:
Den filierten Zander in dünne Scheibchen schneiden, in eine ausgebutterte Form schlichten und leicht würzen. Mit ein wenig Weißwein beträufeln, kurz ins Rohr schieben, mit der Sauce nappieren und nochmals gratinieren.

Weinempfehlung: Arnsdorfer Steinfeder, Grüner Veltliner

Ausgelöste Lammstelze mit kleinem Gemüse und Erdäpfelschmarren

Einkauf (für 6 Personen):

6 hintere Lammstelzen
3 Rübenzwiebeln
1 Zweig Rosmarin
1 Zweig Thymian
4 Zehen Knoblauch
12 gelbe Rübchen
2 kleine Zucchini
6 Frühzwiebeln
2 Frühkohlrabi
Salz, Pfeffer
1 kg Kipflerkartoffeln

Bereiten Sie die Zutaten vor:
Die Lammstelzen enthäuten, mit Salz, Pfeffer, Knoblauch, Rosmarin und Thymian würzen.
3 Rübenzwiebeln nudelig schneiden. Die Kartoffeln in der Schale weichkochen und schälen. Die Kohlrabi sechsteln, die Frühzwiebeln in der Länge halbieren und salzen, die Zucchini in Stifte schneiden, die gelben Rübchen spitzig schälen und 1 cm Grünzeug daranlassen.

1/4 l Lammjus
1/4 l Rotwein

Bereiten Sie die Lammstelze vor:
Eine Bratpfanne im Rohr erhitzen — die Lammstelzen rasch rundum anbraten, mit drei Zwiebeln bestreuen und braten lassen. Wenn sich ein brauner Belag am Pfannenboden zeigt, mit Rotwein ablöschen, reduzieren lassen und mit Lammjus aufgießen. Wenn die Lammstelze weich ist, auslösen und die Sauce (wenn zu stark, mit Wasser verdünnen) abschmecken und leicht binden.

1 Rübenzwiebel
1 Bündchen Petersilie
Salz
Pfeffer
Kümmel

Bereiten Sie den Erdäpfelschmarren vor:
Die Zwiebel in Butter braun rösten, die geschälten Kartoffeln dazugeben und mit einer Gabel zerdrücken, mit Salz, Pfeffer, und Kümmel würzen und noch etwas braun rösten.

Butter
1 Prise Zucker
etwas geschlagene Sahne/Obers
Salz
1 Bündchen Dill

Bereiten Sie das kleine Gemüse vor:
Die gelben Rübchen in Salzwasser kochen und in Butter schwenken, etwas salzen und mit einer Prise Zucker abschmecken.
Die Zucchini rasch überkochen — in Butter schwenken, mit Dill bestreuen und etwas geschlagene Sahne dazugeben — weichdämpfen — salzen.
Die Frühzwiebeln salzen und in Butter braun braten.
Die Kohlrabi weichkochen, in Butter schwenken, würzen und mit Dill bestreuen.

Zum Servieren:
Gemüse farbenmäßig getrennt auflegen, 1 EL Erdäpfelschmarren plazieren, mit gehackter Petersilie bestreuen und mit Fleisch anrichten. Heiße Sauce mit Zwiebeln über das Fleisch gießen und rasch servieren.

Weinempfehlung: Hieronymus St. Laurent

Beiried in Weinblättern gebraten

Einkauf (für 4 Personen):

600 g pariertes Beiried, Salz, Pfeffer aus der Mühle, 40 g Öl zum Anbraten

Braten Sie das Beiried an:
Das Fleisch mit Salz und Pfeffer aus der Mühle würzen. Das Öl erhitzen und das Fleisch allseitig kräftig anbraten. Das Beiried zum Überkühlen beiseite stellen.

100 g gemischtes faschiertes (gehacktes) Fleisch ohne Sehnen
100 g Champignons
50 g Schalotten
1 kl. Bund Petersilie
1 entrindete Semmel
Salz, Pfeffer, Oregano

Bereiten Sie die Fülle vor:
Die Schalotten fein schneiden, das Öl erhitzen und die Schalotten anschwitzen. Anschließend überkühlen. Die Semmel in Wasser einweichen. Die Semmel ausdrücken und faschieren. Champignons und Petersilie gesondert hacken. Das faschierte Fleisch, Semmel, Schalotten, Champignons, Petersilie, Salz, Pfeffer und Oregano vermengen.

1 Schweinsnetz ca. 30 x 30 cm
8—10 Weinblätter (griechisch oder türkisch)

Hüllen Sie die Beiried in Weinblätter:
Das Schweinsnetz aufbreiten und mit gewässerten, abgetrockneten Weinblättern belegen. Diese mit der Fleischfarce bestreichen. Das Beiried darauflegen, das Fleisch straff in das belegte Netz einhüllen. Das Beiried mit einer Schnur fixieren.

Braten Sie das Fleisch:
Das Fleisch auf ein Backblech legen und rasch anbraten. Die Hitze drastisch reduzieren. Das Fleisch langsam braten und die Nadelprobe machen. Das fertige Fleisch muß innen rosa sein.

1/8 l Rotwein
1/8 l Suppe (Fond)
40 g Butter

Machen Sie die Sauce:
Das Bratenfett abgießen. Den Rückstand vom Anbraten des Fleisches dazugeben. Den Bratenrückstand durchrösten. Mit Rotwein ablöschen und mit Fond (Suppe) aufgießen. Auf die gewünschte Konsistenz reduzieren und eiskalte Butterflocken unter die Sauce schwingen. Die Sauce abseihen.

Tranchieren Sie das Fleisch:
Den Spagat lösen. Überhängende Netzteile entfernen und das Fleisch in gefällige Tranchen schneiden.

Zum Servieren:
Als Beilage Erdäpfelgratin, Zwergkürbis und glacierte Schalotten servieren.

Weinempfehlung: Hieronymus St. Laurent, Domäne Wachau, Rotwein Barrique Allier

Junges Kaninchen auf Gemüsenudeln

Einkauf (für 4 Personen):

1 Kaninchen, ca. 1,5 kg
Petersilienwurzeln und -stengel
Sellerie, Schalotten
Rosmarin, Thymian
Lorbeer
2—3 Knoblauchzehen
Salz, Pfeffer
1/8 l Weißwein
2 cl tr. Vermouth
1/4 l Rind- oder Geflügelsuppe
ca. 1/2 l Sahne/Obers
Öl zum Rösten

250 g glattes Mehl
2 Eier
60 g passierten Spinat
etwas Öl
1—2 Karotten
Prise Zucker

etwas Kerbel
etwas Sahne

Machen Sie die Sauce:
Kaninchen aufteilen und auslösen, Keulen ganz lassen, Knochen fein hacken und in Öl anrösten, Gemüse zugeben, weiterrösten, Kräuter zugeben, mit Weißwein ablöschen und einkochen lassen, Suppe aufgießen, wieder einkochen, abseihen, Sahne/Obers dazugeben und nochmals einkochen, würzen.

Bereiten Sie die Nudeln zu:
Aus den Zutaten einen glatten Teig herstellen, etwas rasten lassen, dünn ausrollen und in Nudeln schneiden, in Salzwasser kochen.
Karotten in Streifen schneiden, mit etwas Butter, einer Prise Zucker und Wasser weich dämpfen, die gekochten Nudeln zugeben, mit Salz und Muskat würzen.

Braten Sie das Kaninchen:
Kaninchenkeule in Öl anbraten, im Ofen bei 200 Grad Celsius 20 Minuten weiterbraten. Den ausgelösten Rücken würzen, anbraten, im Ofen 3 Minuten braten, rasten lassen.
Fleisch vom Keulenknochen lösen, in Stücke schneiden, Rücken in Streifen schneiden und mit dem Keulenfleisch in die erhitzte Sauce geben, abschmecken, Kerbel und etwas geschlagene Sahne unterschwenken.

Zum Servieren:
Nudeln auf heißen Tellern anrichten, Kaninchenfleisch darübergeben, mit etwas Sauce nappieren.

Weinempfehlung: Riesling Kabinett, Ried Achleiten, Weißenkirchen

Kalbsbries in Rahmsauce

Einkauf (für 4 Personen):

600 g Kalbsbries
200 g Gemüsebrunoise (Karotten, Lauch, Sellerie)
60 g Butter
0,35 l Riesling
2 dl Hühnerbouillon
Kräuterstrauß (Basilikum, Kerbel, Zitronenmelisse)
Salz, weißer Pfeffer aus der Mühle
Zitronenschale
1/4 l Obers/Sahne

Bereiten Sie das Bries vor:
Kalbsbries gut wässern und häuten.

Bereiten Sie die Sauce zu:
Gemüsebrunoise und Zwiebel klein schneiden und in der Butter anschwitzen, das Bries einlegen und von beiden Seiten leicht anbräunen lassen, mit Riesling und Hühnerbouillon aufgießen. Das Kräutersträußchen und die Zitronenschale dazugeben und ca. 20 Minuten dünsten, mit Salz und Pfeffer abschmecken.
Das Bries herausnehmen und warm stellen.

So richten Sie an:
Die Sauce passieren, Obers/Sahne dazugeben und nochmals kurz aufkochen. Das Bries auf den Teller legen und mit der Sauce anrichten.

Weinempfehlung: Riesling-Sylvaner Steinfeder, Ried Gaisberg/Wösendorf

Kalbsleber mit Lauch

Einkauf (für 4 Personen):

600 g Kalbsleber
40 g Butter

Braten Sie die Leber an:
Schneiden Sie die Kalbsleber in vier Scheiben (ca. 150 g pro Scheibe), braten Sie diese in der Butter kurz an und stellen sie dann warm.

400 g Lauch
$^1/_{16}$ l Obers/Sahne
3 EL Crème fraîche
4 EL Wein
Salz, rote Pfefferkörner

So bereiten Sie den Lauch:
Putzen und schneiden Sie den Lauch in feine Würfel, diese rösten Sie im Bratenrückstand der Leber an und löschen mit Obers/Sahne ab.

So bereiten Sie die Sauce:
Dann fügen Sie Crème fraîche, Wein, eine Prise Salz und lassen dies zu einer leicht gebundenen Sauce verkochen.

So richten Sie an:
Geben Sie die Kalbsleberscheiben auf vorgewärmte Teller und servieren Sie diese mit der Lauchsauce.

Pilzknöderl, Briesknöderl oder Kartoffeln passen als Beilage dazu.

Weinempfehlung: Neuburger Kabinett, Ried Burgberg, Spitz, Bürgerspital Allerheiligen

Kalbsmedaillons mit Zitronenmelisse, Estragon und Kerbel

Einkauf (für 6 Personen):

2 kg Kalbsknochen (nach Möglichkeit Rücken-, Hals- oder Schwanzknochen)
ca. 500 g Sehnen und Abschnitte von Kalbfleisch
3—4 l Wasser
200 g Zwiebeln
200 g Lauch
100 g Karotten
20 g Knollensellerie
1 Lorbeerblatt
10 zerdr. weiße Pfefferkörner, etwas Salz
ev. Abschnitte von Champignons und getr. Pilzen

Bereiten Sie einen hellen Kalbsfond (ca. 1 l):
Die Kalbsknochen zerkleinern, mit den Sehnen und Abschnitten in kaltem Wasser ansetzen und langsam zum Kochen bringen. Den Schaum ständig abschöpfen. Nach ca. eineinhalb Stunden das zu einem Bouquet garni gebundene Gemüse sowie die Gewürze und die Pilzabschnitte hinzufügen. Etwa eine halbe Stunde weiterkochen lassen, dann durch ein Tuch passieren und abschmecken.

1 kg Kalbfleisch vom Filet, Rücken oder von der Nuß, Salz, Pfeffer aus der Mühle, 70 g Butter
200 g Kohlrabi
200 g Karotten,
200 g Broccoli
40 g Butter für das Gemüse

Braten Sie die Kalbsmedaillons und glacieren Sie das Gemüse:
Das Fleisch parieren und in 12 kleine Stücke zu je 90 g schneiden. Salzen, pfeffern und in Butter langsam auf den Punkt braten.
Das Gemüse putzen, waschen und in beliebige Stücke schneiden oder teilen. Kohlrabi, Karotten und Broccoli separat in Butter mit etwas Flüssigkeit glacieren, salzen und pfeffern.
Je nach Saison können natürlich auch Blumenkohl, Spargeln, Schwarzwurzeln oder anderes Gemüse verwendet werden.

30 g Schalotten
1 dl heller Kalbsfond
2 dl Sahne/Obers
1 dl tr. Weißwein
30 g Butter, 1 EL Kerbel, 1 EL Estragon, 1 EL Zitronenmelisse, Salz, Pfeffer aus der Mühle
1 Schuß Zitronensaft
2 EL geschlagene Sahne/Obers

Machen Sie die Kräutersauce:
Die geschnittenen Schalotten mit Kalbsfond zur Hälfte einkochen. Mit Sahne/Obers auffüllen und reduzieren lassen, bis die Sauce eine cremige Konsistenz bekommt. Dann den Weißwein dazugeben. Vorsicht — nicht zu lange kochen, da sonst die Sauce gerinnt.
Die Sauce in den Mixer geben, mit einigen kalten Butterflocken montieren und die gehackten Kräuter hinzufügen. Mit Salz, Pfeffer und Zitronensaft würzen und die Schlagsahne/Obers darunterziehen.

Zum Servieren:
Die Medaillons auf Tellern anrichten, rundherum das Gemüse verteilen und die Kräutersauce über das Fleisch nappieren.

Weinempfehlung: Riesling Kabinett, Kirchengärten Wösendorf/Weißenkirchen

Kalbsmedaillons überbacken in St.-Laurent-Sauce

Einkauf (für 4 Personen):

8 Kalbsmedaillons à 80 g
80 g Schinken
4 Champignons
1 Knoblauchzehe
1 Zitrone
gehackte Petersilie
Butter zum Braten

Bereiten Sie die Kalbsmedaillons zu:
Die Medaillons ca. 3 Minuten auf jeder Seite braten, dann aus der Pfanne nehmen. Nacheinander die kleingehackten Champignons, den Schinken und eine Mischung aus gehackter Petersilie, geriebener Zitronenschale und einem Hauch Knoblauch darüberstreuen. Im Rohr bei starker Oberhitze überkrusten, bis die Medaillons goldbraun sind.

1 Schalotte
1 Karotte
1/8 l St. Laurent
1/8 l Kalbsfond
80 g Butter

Machen Sie die Sauce:
Die kleingehackte Schalotte zum Bratenrückstand in die Pfanne geben, etwas glasig werden lassen, ganz fein gehackte Karotten dazugeben und mit St. Laurent ablöschen. Einkochen lassen, dann mit dem Kalbsfond aufgießen, nochmals einkochen lassen und mit kalter Butter aufmontieren.

Zum Servieren:
Die Medaillons auf Tellern anrichten, die Sauce rundherumgießen und mit kleinem Gemüse und Erdäpfelrösti servieren.

Weinempfehlung: Hieronymus St. Laurent

Kaninchenrücken-Filets in Strudelteig mit Maiscrêpes und Rotkraut

Einkauf (für 4 Personen):

1 kl. Rotkrautkopf
1 Zwiebel, 1 Orange
2 Äpfel, 1/4 l Rotwein
20 g Butter (oder Entenfett), Salz, Pfeffer, 1/4 Lorbeerblatt, 4 Wacholderbeeren, 3 Nelken, ein kl. Stk. Zimtrinde, etwas Kümmel, Schale von 1/4 Orange

Bereiten Sie zuerst das Rotkraut zu:
Das Rotkraut schneiden und ca. 1 Stunde mit Rotwein und Orangensaft marinieren. Die Zwiebel nudelig schneiden, in Butter (oder Entenfett) kurz anschwenken, das Rotkraut mit der Marinade beigeben und bei Bedarf mit etwas Wasser oder leichter Bouillon aufgießen. Die Gewürze in ein kleines Tuch einbinden und mitkochen. Die zwei Äpfel schälen, reiben und dem kochenden Rotkraut beigeben, salzen. Wenn das Rotkraut gar ist, mit Salz und Pfeffer abschmecken, eventuell mit etwas Preiselbeeren verfeinern.

5 Schalotten
8 Champignons
etwas Butter
Salz, Pfeffer
1/2 Bund feingehackte Petersilie

Machen Sie die Fülle:
Schalotten fein hacken, in Butter anrösten und die feingehackten Champignons beifügen und mitrösten. Salzen und pfeffern, Petersilie beigeben und das Ganze überkühlen lassen.

4 Kaninchenrücken-Filets, 2—3 EL Öl
4 schöne Wirsingblätter,
1 Pkg. Strudelteigblätter, Butter zum Bestreichen, Salz, Pfeffer

Bereiten Sie den Kaninchenrücken zu:
Die ausgelösten Kaninchenfilets salzen und pfeffern, beidseitig in Öl anbraten und auskühlen lassen. Blanchierte Wirsingblätter auflegen, mit der Fülle bestreichen, die Filets darin einschlagen. Strudelteigblätter auslegen, mit Butter beträufeln, die eingeschlagenen Filets darauflegen und das Ganze einrollen. Die Strudel mit flüssiger Butter bestreichen, bei 220 Grad Celsius ins Rohr schieben und backen, bis sie hellbraun sind (10 bis 15 Minuten).

1 Maiskolben
1/16 l Sahne/Obers
1 Eigelb
Salz
etwas Muskat

Backen Sie die Maiscrêpes:
Den Maiskolben in Salzwasser kochen, in kaltem Wasser überkühlen und die Körner vom Kolben lösen. Die Sahne/Obers mit ½ der Maiskörner, Salz und Muskat verkochen und im Mixer pürieren. Den restlichen Mais und das Eigelb in diese Masse rühren und erhitzen, bis sie cremig wird. In einer Pfanne goldgelbe Crêpes herausbacken.

Zum Servieren:
Die Kaninchenfilets aufschneiden und mit Rotkraut und den Maiscrêpes servieren.

Weinempfehlung: Riesling Kabinett, Bürgerspital Allerheiligen/Spitz

Lammrückenfilet in Senfsaat gebraten

Einkauf (für 4 Personen):

3 kg Lammrücken (Sattel), möglichst jung und frisch
1/2 l Öl, 1 Messerspitze Curry, 4 Knoblauchzehen, 2 Lorbeerblätter, 1 Rosmarinzweig, 1 Thymianzweig, weiße Pfefferkörner, 30 g Petersilie

Bereiten Sie den Lammrücken vor:
Der Lammrücken muß eine Woche vorher mariniert werden.
Die Rückenfilets und die Filets ablösen, das Fleisch entsehnen und im Kräuteröl einlegen.
Für das Kräuteröl die Gewürze zerkleinern, die geschnittene Petersilie und den zerdrückten Knoblauch mit dem Öl vermischen, das Ganze mit Alufolie abdecken und kühlstellen.

Lammknochen
Parüren
200 g Mirepoix (Karotten, Sellerie, Lauch, Zwiebel, 3 Knoblauchzehen, Pfefferkörner, Koriander, Thymian, Rosmarin)
2 Tomaten
1/2 l Rotwein
1/2 l Bouillon
Salz, 50 g Butter

Machen Sie den Lammjus:
Die zerkleinerten Lammknochen und die Parüren anrösten, das Mirepoix zugeben, ebenso die geschnittenen, entkernten Tomaten mitrösten. Mit Rotwein ablöschen, etwas einreduzieren lassen, mit der kalten Bouillon aufgießen und das erstarrte Fett entfernen. Die Gewürze zugeben und eine Stunde langsam kochen lassen. Durch ein Tuch passieren, entfetten und leicht salzen. Anschließend einreduzieren und mit kalter Butter aufmontieren.

100 g Senfkörner
Salz
Pfeffer
etwas Knoblauch
geklärte Butter zum Braten

Bereiten Sie die Lammfilets zu:
Die Senfkörner im Mixer nicht zu fein zerkleinern, die Lammfilets aus dem Öl nehmen, trockentupfen, mit Salz, Pfeffer und einer Spur Knoblauch würzen und in der Senfsaat wenden. In einer Pfanne die geklärte Butter erhitzen, die Filets einlegen, im Backofen auf beiden Seiten je ca. 3 Minuten rosa braten, anschließend warmstellen (die kleinen Filets entsprechend früher herausnehmen).

2 Radicchio à ca. 50 g, Salz, Pfeffer
Butter zum Braten
150 g fr. Blattspinat (möglichst klein) Salz, Knoblauch, Butter

Bereiten Sie die Beilagen zu:
Die äußeren Blätter vom Radicchio entfernen, salzen und pfeffern und in heißer Butter unter einmaligem Wenden ca. 4 Minuten braten.
Den Spinat putzen, die Stengel entfernen, in gesalzenem Wasser kurz blanchieren, abseihen. In Butter ansautieren, leicht salzen und etwas Knoblauch beifügen.

80 g Zucchini
1/8 l Sahne/Obers
etwas Weißwein
Salz

Die Zucchini waschen, ein Viertel davon in Brunoise schneiden, den Rest grob hacken. In Butter kurz anschwitzen, mit Wein ablöschen, mit Sahne aufgießen, einkochen lassen und dann mixen.

1/2 kg mittelgroße Kartoffeln (Sieglinde)
20 g Parmesan
Butter zum Braten

Die Kartoffeln schälen, in ca. 2 mm dicke Scheiben schneiden und blanchieren. Dann die Kartoffeln im Kreis auflegen, in die Mitte jeder Kartoffel einen Teelöffel Zucchinimus geben, mit einer Lage Kartoffeln abschließen, salzen und pfeffern. Die Kartoffelblätter mit Parmesan bestreuen, beidseitig anbraten und im Rohr fertigbacken.

Frische Lorbeerblätter
Thymianzweige
Rosmarinzweige

Zum Servieren:
Pro Person drei Stück Lammrückenfilet sowie ein Filet auf einen Teller legen, das Fleisch mit einem frischen Lorbeerblatt, einem Zweig Thymian und einem Zweig Rosmarin belegen. Etwas von der Sauce in die Mitte des Tellers geben und mit dem Radicchio, dem Blattspinat und den Kartoffelblättern gefällig garnieren.

Weinempfehlung: Rotwein Barrique Limousin, Bürgerspital Allerheiligen/Spitz

Lammfilet im Spinatmantel

Einkauf (für 4 Personen):

150 g Spinat, 50 g Mehl, 4 Eigelb, 4 Eiweiß, Salz, Pfeffer, 100 g Schweinenetz zum Einwickeln

200 g Perlzwiebeln
1 Prise Zucker
1 Knoblauchzehe
1 Thymiansträußl,
1 Spritzer Balsamico-Essig, 4 cl Olivenöl

400 g Lammfilet ausgelöst
1 Schweinenetz

Bereiten Sie den Spinatmantel zu:
Spinat mit Eigelb und Gewürzen vermischen, dann geschlagenes Eiweiß und Mehl untermengen. Die Masse auf ein Backtrennpapier aufstreichen und wie Biskuit backen (ca. 5 Minuten bei 180 Grad Celsius).

Glacieren Sie die Zwiebeln:
Die Zwiebeln mit Olivenöl, einer Knoblauchzehe und dem Thymian bei kleiner Flamme langsam goldgelb braten. Zum Schluß mit einer Prise Zucker karamelisieren und mit etwas Balsamico-Essig ablöschen.

Bereiten Sie das Lammfilet zu:
Das Schweinenetz auf ein Brett legen, die Spinatmatte daraufgeben und das Lammfilet roh darin einwickeln. Dann ca. 12 Minuten bei 190 Grad Celsius im Rohr braten.

Zum Servieren:
5 Minuten nachziehen lassen und dann das Lammfilet in 2 cm dicke Scheiben schneiden, mit Perlzwiebeln ausgarnieren.

Weinempfehlung: Hieronymus St. Laurent

Medaillon vom Haushasen auf Estragonrahm und grünem Spargelsoufflé

Einkauf (für 2 Personen):

1 kl. Kaninchenrücken, 1/2 kg grüner Spargel (1 Bund)
1 Büschel Estragon
1/8 l Obers/Sahne
3 Eier, 4 Babykarotten mit Grün
1 Schalotte

2 kg Spargel
1/8 l Crème double
3 Eigelb, Salz
1 Spritzer Zitrone
Weißer Pfeffer
1 EL Butter

2 EL Olivenöl
1 TL Butter
Salz, Mehl
2 cl Weißwein
10 g Butter

2 cl Crème fraîche
1 Spritzer Sherryessig
weißer Pfeffer
2 cl Obers/Sahne

Bereiten Sie die Zutaten vor:
Den Hasenrücken filieren, entsehnen, in 2 cm dicke Medaillons schneiden und plattieren. Den Spargel waschen und schälen, dann im Salzwasser kochen, erkalten lassen und die Spitzen abschneiden. Vier Förmchen mit geklärter Butter ausstreichen. Den Estragon fein hacken und eine Schalotte feinwürfelig schneiden. Die Karotte in Salzwasser kochen.

Bereiten Sie das Spargelsoufflé zu:
Den erkalteten Spargel mit dem Rahm und den Eigelb, Salz, weißem Pfeffer aus der Mühle, einem Spritzer Zitronensaft im Mixer pürieren, durch ein Sieb streichen und in die Förmchen füllen. Im Wasserbad 20 Minuten langsam köcheln.

Braten Sie die Kaninchenmedaillons:
Die Medaillons mit Salz würzen, in die Teflonpfanne einen Eßlöffel Olivenöl und 1 Teelöffel Butter geben, die ganz leicht gestaubten Medaillons einlegen und diese beidseitig ganz langsam braten, sie sollen saftig und rosig bleiben.

Machen Sie den Estragonrahm:
Etwas Weißwein mit den feingeschnittenen Schalotten reduzieren, etwas Kaninchenjus dazugeben, das einkochen lassen, die kalte Butter einschlagen, den Estragon dazugeben, einen Spritzer Sherryessig und die Crème fraîche hinzufügen. Mit einem Löffel geschlagener Sahne verfeinern.

Zum Servieren:
Das Spargelsoufflé in die Mitte des heißen Tellers stürzen, mit zerlassener Butter beträufeln, rechts und links davon ein Medaillon legen, mit dem Estragonrahm nappieren und die Spargelspitzen sternförmig um das Soufflé legen. Die halbierten und in Butter geschwenkten Babykarotten als Garnitur dazu servieren.

Weinempfehlung: Riesling Kabinett, Kirchengärten Wösendorf/Weißenkirchen

Nüßchen vom Kitz mit Zitronenmelisse und Frühlingsgemüse

Einkauf (für 2 Personen):

400 g ausgelöstes Kitzfleisch vom Rücken
1 Knoblauchzehe
100 g Butter

Bereiten Sie die Nüßchen zu:
Ausgelöstes Rückenfilet portionieren (ca. 4 Stück à 50 g pro Person). Salzen, Pfeffer aus der Mühle und leicht mit Knoblauch einreiben. Die Butter in einer Pfanne erhitzen und die Nüßchen auf den Punkt (leicht rosa) braten. Warmstellen.

20 g Schalotten
1/8 l tr. Weißwein
1/8 l helle Bouillon
1/8 l Obers/Sahne
Salz und Pfeffer
1 Bund Zitronenmelisse
80 g kalte Butter
etwas Zitronensaft

Machen Sie die Sauce:
Danach die Sauce zubereiten, indem man in der Bratpfanne die Schalotten kurz anschwitzt, mit heller Bouillon aufgießt und zur Hälfte einkocht. Mit Sahne auffüllen und kochen, bis die Sauce eine cremige Konsistenz bekommt. Dann den Weißwein dazugeben, die gehackte Zitronenmelisse und mit kalten Butterflocken die Sauce binden. Salzen und Pfeffer aus der Mühle und einige Tropfen Zitronensaft.

1 junger Kohlrabi
2 kleine Karotten
1 Lauchstengel
1 kleiner Broccoli

Kochen Sie das Gemüse:
Gemüse putzen und in gleichmäßige Stäbchen schneiden, nicht zu weich kochen.

Zum Servieren:
Die Nüßchen auf heiße Teller anrichten, rundherum das Gemüse verteilen und mit der Melissensauce nappieren.

Weinempfehlung: Neuburger Kabinett, Bürgerspital Allerheiligen/Spitz

Ragout vom Stallkaninchen mit Morcheln in Glöger-Reserve

Einkauf (für 6 Personen):

1 Kaninchen (ca. 1,2 kg)
weißer Pfeffer
etwas Mehl
Salz
Thymian
Rosmarin
Olivenöl
150 g frische oder 120 g getrocknete Morcheln

Zerlegen Sie das Kaninchen:
Rückenfilets sowie vordere und hintere Keulen auslösen. Aus den Knochen einen Jus zubereiten. Das Fleisch in 2 x 2 cm große Stücke schneiden.
Das Fleisch mit Salz, Thymian, weißem Pfeffer aus der Mühle und etwas Rosmarin würzen, leicht bemehlen und in heißem Olivenöl goldbraun anbraten — Fleisch aus der Pfanne geben und an einem warmen Ort rasten lassen.

Bereiten Sie die Morcheln:
Frische Morcheln gut waschen, getrocknete Morcheln in warmes Wasser einlegen.

50 g Butter
50 g gekochte Schalotten
etwas Knoblauch
Salz
13 cl Glöger-Reserve
20 g kalte Butter

Vollenden Sie das Gericht:
Butter zerlassen. Die Schalotten dazugeben und mit den Morcheln ca. 2—3 Minuten dünsten, mit Knoblauch, Salz und Pfeffer würzen, mit Glöger-Reserve ablöschen, etwas reduzieren, mit Kaninchenjus auffüllen und mit den kalten Butterwürfeln schwenken.

Zum Servieren:
Das Fleisch in die heiße Sauce legen und am Herdrand ca. 5 Minuten durchziehen lassen. Dekorativ auf großen Tellern anrichten.

Eventuell als Beilage Basilikumnudeln oder Polentacrêpes.

Weinempfehlung: St. Laurent, Ried Axpoint, Spitz

Rindsbraten in Rotwein gebeizt

Einkauf (für 5 Personen):

1 kg Rindfleisch vom Tafelstück, Rotwein, einige zerdrückte Wacholderbeeren, 1 Zweig Thymian, Salz, Pfeffer, etwas Fett z. Braten, 1 Bund Wurzelwerk, 1 kl. Zwiebel

Bereiten Sie das Rindfleisch zu:
Das Fleisch über Nacht in eine Schüssel mit Rotwein legen. Der Rotwein muß das Fleisch bedecken. Wacholderbeeren und Thymian hinzufügen. Am nächsten Tag das Fleisch herausnehmen, salzen, pfeffern und beidseitig in heißem Fett anbraten. Im Bratenrückstand das Wurzelwerk und die Zwiebel rösten, mit dem Rotwein ablöschen, das Fleisch einlegen und weichdünsten. Anschließend warmstellen.

$^{1}/_{8}$ l Sauerrahm
1 TL Mehl
Salz
Pfeffer

Machen Sie die Sauce:
Den Sauerrahm mit dem Mehl versprudeln, den Bratensaft damit binden, mit Salz und Pfeffer abschmecken und die fertige Sauce über das Fleisch gießen.

Weinempfehlung: Hieronymus, St. Laurent

Schweinskarree mit Knoblauch-Kümmel-Sauce und Krautstrudel

Einkauf (für 4 Personen):

150 g Topfen/Quark 150 g Mehl, 150 g Butter, Salz, 1 EL Cognac, 1 kleiner Kopf Weißkraut Salz, Pfeffer Kümmel, 2 Eier 2 EL Sauerrahm, 1 Eigelb

Bereiten Sie den Krautstrudel zu:
Mehl, Butter, Topfen, Salz und Cognac rasch zu einem Teig kneten, rasten lassen.
Für die Fülle Weißkraut schneiden, im Salzwasser überbrühen, kalt abspülen und fest ausdrücken. Salz, Pfeffer und etwas Kümmel unterrühren, die 2 Eier mit Sauerrahm verrühren und zum Kraut geben.
Teig dünn ausrollen, füllen, einrollen, mit Eigelb bepinseln und bei 200 Grad Celsius ca. 25 Minuten backen.

600 g Scheiben vom Schweinskarree, Salz, Pfeffer, Öl, Butter, Knoblauch, Kümmel, Kalbsjus

Braten Sie das Schweinskarree:
Schweinskarreescheiben salzen, pfeffern und in einer Öl-Butter-Mischung beidseitig anbraten, zum Rasten herausnehmen. Aus der Pfanne Fett abschütten und etwas Butter schmelzen, Knoblauchscheiben und Kümmel glasieren, mit Kalbsjus aufgießen, reduzieren und abseihen.

Zum Servieren:
Krautstrudel in 3 cm breite Stücke schneiden, mit Karreescheiben anrichten.

Weinempfehlung: Grüner Veltliner Steinfeder, Ried Hochrain/Wösendorf

Schweinskotelett mit Koriandersauce und Sauerkrautpalatschinke

Einkauf (für 4 Personen):

4 zarte Schweinskoteletts
Koriander
Salz
Pfeffer
Obers/Sahne
etwas Bouillon
Öl

Braten Sie die Koteletts an:
Schweinskoteletts (mit oder ohne Knochen) klopfen, salzen, pfeffern und mit gemahlenem Koriander (in der Pfeffermühle) würzen. Öl in der Pfanne erhitzen, Koteletts links und rechts anbraten, Öl abgießen und Koteletts warmstellen. Den Bratenfond mit etwas Suppe ablöschen, mit Koriander und Obers aufkochen. Die Sauce über die Koteletts gießen.

½ l Milch
Salz
250 g Mehl
4 Eier
½ kg Sauerkraut
Speck
Zwiebel
Knoblauch
Schnittlauch

So bereiten Sie den Teig:
Milch, Eier, Salz, Mehl zu einem Teig vermengen, daraus kleine Palatschinken backen. Sauerkraut herkömmlich zubereiten, gehackte Zwiebel in gebratenen Speckwürfeln und etwas Knoblauch durchrösten, unter das Sauerkraut mischen und damit die Palatschinke füllen.

So richten Sie an:
Zu den mit Sauce übergossenen Koteletts legen Sie je eine Sauerkraut-Palatschinke, die man noch mit Schnittlauch bestreut.

Weinempfehlung: Riesling, Jochinger Pichl (Steinfederwein aus Joching)

Spanferkelrücken auf Kümmelglace mit gratinierten Kartoffeln

Einkauf (für 8 Personen):

½ Spanferkelrücken mit Schwarte
Salz
Pfeffer
Dijonsenf
Öl zum Braten
2 Knoblauchzehen
1 Lorbeerblatt
1 Zweig Thymian
½ dl Rotwein
1 dl brauner Kalbsfond
2 Schalotten
2 TL Kümmel
20 g Butter

Bereiten Sie den Spanferkelrücken und die Kümmelglace zu:
Den halben Spanferkelrücken, also eine Kotelettseite, vom Fleischhauer so zuschneiden lassen, daß noch etwas von den Rippenknochen daran bleibt. Mit Ihrem schärfsten Messer die Schwarte rautenförmig einschneiden und die Enden der Rippenknochen freischaben. Salzen, pfeffern und mit Senf einstreichen. Das Fleisch in Öl rundum anbraten, Knoblauch, Lorbeer und Thymian dazulegen und im 200 Grad Celsius heißen Ofen 15 bis 20 Minuten garen, warmstellen. Kräuter und Knoblauch herausnehmen, Öl aus der Pfanne abgießen, den Bratensatz mit Rotwein ablöschen und etwas einkochen. Kalbsfond und Kümmel zugeben, aufkochen und etwas einreduzieren. Abschmecken und durch ein feines Sieb in eine Stielkasserolle passieren und wieder erhitzen. Die kalte Butter flockenweise durch kreisende Bewegung der Kasserolle einschwenken.

⅛ l Obers/Sahne
⅛ l Milch
rohe geschälte Kartoffeln
Salz
Pfeffer
Muskat
Knoblauch
Kümmel

Bereiten Sie die gratinierten Kartoffeln vor:
Die Sahne/Obers und die Milch in eine Kasserolle geben und so viele rohe Kartoffeln schneiden, bis sie von der Sahne/Obers-Milch-Mischung noch bedeckt sind. Mit Salz, Pfeffer und Muskat würzen. Das Ganze nicht zu weich kochen und auskühlen lassen. Ein feuerfestes Geschirr mit Butter und Knoblauch ausreiben, Kümmel einstreuen und die Masse einfüllen. Bei starker Oberhitze gratinieren.

Vollenden Sie das Gericht:
Die Sauce als Spiegel auf den heißen Teller gießen und die aufgeschnittenen Spanferkelkoteletts daraufsetzen. Als Beilage die gratinierten Kartoffeln reichen.

Weinempfehlung: Riesling-Kabinett, Kirchengärten Wösendorf/Weißenkirchen

Backhuhn

Einkauf (für 2 Personen):

1 Huhn ca. 1,2 kg, 100 g Champignonreste, 100 g Karotten, 50 g Lauch, 100 g Zwiebel, 50 g Sellerie, Lorbeer, Thymian
2 Gewürznelken

2 dl Wein
4 dl Geflügelbouillon
20 g Butter
30 g Mehl
3 Eigelb
Salz
Pfeffer
Zitrone
$^1/_4$ Toastbrot

250 g Butterschmalz
150 g Petersiliengrün

Bereiten Sie die Zutaten vor:
Das Huhn bis auf die Unterschenkel und Flügelknochen auslösen, die Haut entfernen, in vier gleiche Teile schneiden.
Die Knochen klein hacken, das Wurzelwerk schneiden.

Bereiten Sie die Panier zu:
Die Knochen und das Wurzelwerk mit dem Wein und der Bouillon ca. 2 Stunden auf kleiner Flamme köcheln, abgießen und durch ein Tuch entfetten. Danach auf ca. 1 dl Flüssigkeit reduzieren.
Die Butter zerlassen, das Mehl kurz darin anschwitzen und mit der Reduktion aufgießen. Unter stetem Rühren ganz dick einkochen lassen. Vom Feuer nehmen, die Eigelb zugeben und fest verrühren, würzen. Erkalten lassen. Diese Masse gleichmäßig auf die Hühnerteile auftragen.
Das Innere des Toastweckens durch ein Drahtsieb passieren, die Hühnerteile in den Bröseln wälzen.

Backen Sie das Huhn:
Die Hühnerteile im heißen Butterschmalz langsam goldgelb backen, herausnehmen und abtropfen lassen.
Die gewaschene Petersilie zupfen und im heißen Butterschmalz kurz aufwallen lassen, sofort herausnehmen und auf einem Tuch abtropfen lassen, salzen. Das Backhuhn damit garnieren.

Dazu paßt Spargelsalat.

Weinempfehlung: Grüner Veltliner Kabinett, Ried Vorderseiber, Weißenkirchen

Fasanenbrust auf Weinkraut

Einkauf (für 4 Personen):

$^1/_2$ kg Rotkraut
30 g Zucker
Salz
$^1/_4$ Zimtstange
20 g Rosinen
4 Gewürznelken
1 Apfel geschält
$^1/_2$ l Rotwein

4 Stück Fasanenbrust
Salz
Pfeffer
Thymian
Stangensellerie
Öl
etwas Geflügelfond
Butter

Bereiten Sie das Rotkraut zu:
Das Rotkraut in Streifen schneiden, mit Zutaten einen Tag marinieren, dann weich dünsten.

Braten Sie die Fasanenbrust:
Fasanenbrust auslösen, salzen und pfeffern, mit Thymian und Selleriestücken kurz in Öl anbraten, im Backrohr bei 180 Grad Celsius 4 Minuten fertiggaren, rasten lassen.
Bratrückstand mit etwas Geflügelfond aufgießen, einkochen lassen, abseihen, mit kleinem Stück Butter montieren.

Zum Servieren:
Fasanenbrust in Tranchen schneiden und mit dem Rotkraut anrichten, mit der Sauce die Fasanenbrust leicht überglänzen.

Dazu passen Preiselbeeren als Beilage.

Weinempfehlung: St. Laurent, Ried Axpoint/Spitz

Gefüllte Hühnerbrust mit Lauch

Einkauf (für 6 Personen):

3 Hühner (je ca. 1 kg)
6 Stangen junger Lauch
Salz

Bereiten Sie die Zutaten vor:
Die Hühner vollständig auslösen und die Haut abziehen. Nur die Flügelknochen an der Brust lassen. Die Knochen werden für den Geflügelfond verwendet, die Hühnerkeulen für die Fülle.
Den Lauch putzen, die weißen Teile in 8 bis 10 cm lange Stücke schneiden und diese in Salzwasser 2 bis 3 Minuten leicht kochen. Die grünen Teile einzeln herunternehmen, ebenfalls in 8 bis 10 cm lange Stücke schneiden und kurz in Salzwasser überbrühen.

Geflügelknochen (1,5 kg), 2—3 l Wasser, 40 g Zwiebeln, 40 g Karotten, 90 g Lauch, 70 g Sellerie, 10 zerdr. weiße Pfefferkörner, 1 Lorbeerblatt, Salz, ev. Abschnitte von Champignons oder getrockneten Pilzen

Kochen Sie einen hellen Geflügelfond:
Die Geflügelknochen zerkleinern und in einem Topf mit kaltem Wasser zum Kochen bringen. Dabei werden ständig Fett und Schaum abgeschöpft. Nach ca. einer halben Stunde Kochzeit das Gemüse und die Gewürze beifügen und nochmals eine Stunde auf kleiner Flamme weiterkochen lassen. Dann das Ganze durch ein Tuch passieren.

Hühnerkeulen ohne Haut und Sehnen (netto 400 g)
$^3/_8$ l Sahne
1 Ei, Salz, Pfeffer aus der Mühle, Saft einer halben Zitrone
3 EL Schlagobers/Sahne

Bereiten Sie die Fülle zu:
Das gekühlte Hühnerfleisch zweimal durch die feine Scheibe des Fleischwolfs drehen. Die Masse in einer Schüssel auf zerstoßenes Eis stellen. Dann nach und nach die gekühlte Sahne und das Ei zugeben, mit Salz, Pfeffer und Zitronensaft würzen und die Fülle durch ein Haarsieb streichen. Zum Schluß die geschlagene Sahne darunterziehen.

Hühnerbrüste
Salz
Pfeffer aus der Mühle

Vollenden Sie die Hühnerbrüste:
Die Filets von den enthäuteten Bruststücken herausziehen. Die Brüste auf eine Folie geben und der Form nach auf 3 mm Dicke ausklopfen. Mit Salz und Pfeffer würzen, die grünen Teile vom Lauch gleichmäßig auflegen und mit der Fülle bestreichen. Die weißen Lauchteile darauflegen, nochmals Fülle daraufstreichen und wieder mit den grünen Teilen des Lauchs belegen. Die Filets ebenfalls der Form nach dünn ausklopfen und die letzte Lauchschicht damit bedecken. Das Ganze vorsichtig zusammenrollen, in eine Alufolie geben und nachformen.
Die gefüllte Hühnerbrust bei ca. 85 Grad Celsius im Geflügelfond 10 bis 15 Minuten ziehen lassen.

2 dl vom Geflügelfond
1 dl Weißwein
3 dl Sahne/Obers
20 g Butter
Saft einer halben Zitrone
2 EL Sahne/Obers
1 Stange Lauch (nach Belieben)

Machen Sie die Sauce:
Den Hühnerfond mit Weißwein einkochen, die Sahne/Obers hinzufügen und die Sauce auf die gewünschte Konsistenz reduzieren. Im Mixer einige Butterflocken hineinmontieren, mit Zitronensaft abschmecken und die geschlagene Sahne/Obers darunterziehen. Wenn Sie gerne Lauch essen, diesen in Streifen schneiden, in Butter anziehen lassen und in wenig Fond dünsten. Dann die Streifen in die Sauce geben.

Zum Servieren:
Die Hühnerbrüste etwas schräg schneiden, auf Tellern hübsch anrichten und mit der Sauce servieren.

Weinempfehlung: Steinfeder Ried Zornberg, Bürgerspital Allerheiligen, Spitz

Gefüllte junge Tauben mit Pilzen

Einkauf (für 4 Personen):

1 Toastbrot, etwas Milch, 1 Stange Lauch, 250 g Pilze (Champignons, Steinpilze, Eierschwammerl/Pfifferlinge oder Morcheln), Butter, 2 Eier, Petersilie

Machen Sie die Fülle:
Das Toastbrot entrinden und in Würfel schneiden. Die Würfel mit kochender Milch überbrühen und gut durchziehen lassen. Den Lauch und einen Teil der Pilze feinwürfelig schneiden, in Butter sautieren und zum Weißbrot geben. Salzen und die Eier sowie feingehackte Petersilie hinzufügen.

4 Tauben
Salz
Pfeffer
Butter

Bereiten Sie die Tauben:
Die ordentlich geputzten Tauben innen und außen salzen und pfeffern und mit der Brotfülle füllen. Die Tauben mit Zwirn zunähen, mit halbflüssiger Butter bestreichen und im Rohr bei ca. 200 Grad Celsius ca. 1 Stunde braten. Dabei ständig mit der Bratbutter übergießen.
Die restlichen, beliebig geschnittenen Pilze in Butter sautieren und mit Salz und Pfeffer würzen.

Petersilie

Zum Servieren:
Die Tauben halbieren, auf den Teller legen und die Fülle etwas herausschauen lassen. Mit den sautierten Pilzen überstreuen und mit Petersilie garnieren.

Weinempfehlung: St. Laurent, Ried Axpoint/Spitz

Hirschrückenröllchen auf Morchelragout mit glacierten Preiselbeeren und Schwarzplentennudeln

Einkauf (für 2 Personen):

300 g reines Hirschrückenfilet, 30 g frischer Blattspinat
2 EL fr. Ribisel (Johannisbeeren), Salz, Pfeffer aus der Mühle

Bereiten Sie das Hirschfilet zu:
Fleisch in vier Scheiben schneiden, ganz dünn ausklopfen, mit Salz, Pfeffer aus der Mühle würzen und die Spinatblätter darauflegen. Die frischen Johannisbeeren auf den Spinat und wie eine Rollade einrollen und mit einem Zahnstocher verschließen. Würzen, anbraten und ca. 5 Minuten ins Rohr geben.

80 g fr. Preiselbeeren
40 g Kristallzucker
20 g Butter
2 EL Rotwein

Glacieren Sie die Preiselbeeren:
Zucker leicht mit Butter karamelisieren, mit Rotwein ablöschen, etwas einkochen lassen und dann die Preiselbeeren dazugeben und gut glacieren.

80 g frische Morcheln oder 30 g getrocknete Morcheln
1/16 l Kalbsfond
1/16 l Schlagsahne/Obers
4 EL Weißwein
30 g Butter
1 EL Cognac
1 Schalotte

Machen Sie das Morchelragout:
Die Morcheln gut waschen und dann in Scheiben schneiden. Feingehackte Schalotten in etwas Butter anziehen lassen, Morcheln dazugeben, mit Cognac ablöschen, mit Wein aufgießen, reduzieren. Kalbsfond dazugeben und wieder reduzieren, Sahne/Obers beigeben und kochen lassen, bis die Sauce sämig ist. Würzen und mit frischer kalter Butter aufmontieren (nicht mehr kochen lassen). Mit etwas Salz abschmecken.

100 g Schwarzplentenmehl (Polenta Nero)
50 g Hartweizengrieß
1 Ei
ca. 1/2 EL Wasser
Olivenöl

Bereiten Sie die Schwarzplentennudeln:
Alles zu einem Teig verarbeiten, gut durchkneten, ca. ½ Stunde rasten lassen. Ausrollen und in ca. ½ cm dicke Streifen schneiden. In Salzwasser mit etwas Olivenöl ca. 3 Minuten kochen lassen.

Zum Servieren:
Diagonal durchschneiden und auf dem Morchelragout anrichten. Links und rechts die glacierten Preiselbeeren und die gekochten, in Butter geschwenkten Schwarzplentennudeln daraufgeben.

Weinempfehlung: Bürgerspital Allerheiligen, Spitz, Rotwein Barrique Limousin

Nüßchen vom Hirschkalb mit Weichseln und kleinen Zwiebeln

Einkauf (für 4 Personen):

500 g zugeputzter Hirschkalbsrücken
250 g Weichseln
250 g Schalotten

Bereiten Sie die Zutaten vor:
Das Rückenfilet in acht gleichmäßige Medaillons schneiden.
Die Weichseln waschen, halbieren und entkernen, die Zwiebeln schälen.

Salz
Pfeffer
etwas Wacholder
30 g Butter

Braten Sie die Hirschkalbnüßchen:
Die Hirschkalbnüßchen mit Salz, Pfeffer und wenig Wacholder würzen. Etwas Butter in einer Pfanne aufschäumen lassen und darin die Nüßchen blutig braten. Vom Feuer nehmen.

etwas Butter zum Braten
0,4 l Portwein
15 g Butter
geklärte Butter zum Braten
1 EL Honig
ein wenig Ingwer
etwas grüner Pfeffer

Bereiten Sie die Beilagen zu:
Die entkernten Weichseln kurz in Butter anschwitzen, mit Portwein ablöschen, reduzieren lassen und soviel Butter darunterziehen, bis Weichseln und Sauce einen matten Glanz haben. Die Zwiebeln in wenig geklärter Butter anschwitzen, mit dem Honig würzen und langsam im eigenen Saft garen. Mit wenig Ingwer und grünem Pfeffer würzen.

0,8 l Rotwein
0,8 l Wildfond
etwas Butter
1 EL Schweineblut
Pfeffer aus der Mühle

Vollenden Sie das Gericht:
Die Beilagen auf vorgewärmten Tellern anrichten. Die Nüßchen ebenfalls anrichten, den Satz in der Pfanne mit Rotwein und dem Wildfond ablöschen, reduzieren lassen und mit etwas Butter abschmecken. Vom Feuer nehmen und mit Blut binden.
Die Medaillons damit nappieren und etwas Pfeffer aus der Mühle darübermahlen.

Weinempfehlung: Hieronymus St. Laurent

Perlhuhnbrust mit Kräutern gefüllt in Rosmarinschaum

Einkauf (für 4 Personen):

4 Perlhuhnbrüste
2 entr. Semmeln
fr. Rosmarin, Kräuter (nach Saison)

Bereiten Sie die Zutaten vor:
Von den Brüsten die Haut abziehen und in die Brüste waagrecht eine Tasche schneiden.
Die entrindeten Semmeln reiben. Die Kräuter hacken.

20 g Butter, Salz, weißer Pfeffer aus der Mühle

Bereiten Sie die Fülle vor:
Die Semmelbrösel mit der Butter und den Kräutern und Salz und Pfeffer gründlich verkneten.

wenig zerlassene Butter

Bereiten Sie die Brüste vor:
Von Alufolie ca. 25 cm breite Stücke abreißen und mit zerlassener Butter bestreichen. Die Brüste darauf ausbreiten (die Tasche auseinanderklappen) und die Fülle draufstreichen. Mit der Folie einrollen und die Enden gut verschließen.

250 g Kartoffeln in der Schale, 10 g gehackte Schalotte, 10 g Butter, 1 TL gehackte Petersilie, 1 Ei, 25 g Semmelbröseln, 1 TL Stärkemehl, Muskat, Salz, weißer Pfeffer aus der Mühle, 30 g Sesam, Butter zum Braten

Bereiten Sie die Sesamkücherln vor:
Die Kartoffeln in der Schale kochen, schälen und durchdrücken. Schalotte in Butter anlaufen lassen, Petersilie dazugeben und über die Kartoffeln gießen. Mit Ei, Bröseln und Stärkemehl vermischen und abschmecken. Etwas abkühlen lassen. Den Sesam trocken in der Pfanne rösten, bis er hellbraun wird. Aus der Kartoffelmasse kleine Laibchen formen, mit wenig Wasser bestreichen und im Sesam wälzen. In geklärter Butter braten.

1 dl Riesling
2 dl Perlhuhnfond
1 dl Obers/Sahne
60 g kalte Butter
frischer Rosmarin
$^{1}/_{16}$ l geschlagene Sahne/Obers

Bereiten Sie den Rosmarinschaum zu:
Weißwein und Perlhuhnfond zusammen aufkochen und etwa um die Hälfte reduzieren. Obers/Sahne zufügen, nochmals aufkochen und mit der kalten Butter montieren. Kurz vor dem Servieren den gehackten Rosmarin und die geschlagene Sahne/Obers unterziehen und einmal aufkochen lassen. Sofort servieren.

Bereiten Sie die Perlhuhnbrüste zu:
Die in Folie gewickelten Brüste in Salzwasser, welches nicht kochen darf, 10 Minuten ziehen lassen, danach 5 Minuten ruhen lassen. Aufschneiden und auf dem Rosmarinschaum anrichten.

Weinempfehlung: Riesling Kabinett, Kirchengärten, Wösendorf/Weißenkirchen

Wachauer Gänsebraten mit Bratapfel und Grießknödel

Einkauf (für 6 Personen):

150 g Butter, 4 Eier
250 g Grieß
5 Semmeln
1/8 l Sauerrahm
500 g mehlige Kartoffeln, 1 Prise Muskatnuß, Salz

Bereiten Sie die Grießknödel vor:
Butter schaumig rühren, salzen. Eier nach und nach zugeben und Grieß einrühren — mind. 1 Std. stehen lassen. Semmeln entrinden und in kl. Würfel schneiden, dann in Sauerrahm einweichen. Kartoffeln waschen und in der Schale kochen, schälen und grob zerteilt im Ofen ausdämpfen lassen (ca. 5 Min. bei ca. 200 Grad C). Kartoffeln durchpassieren, eingeweichte Semmeln, Muskat und Grießmasse zugeben und alles gut vermengen.

5 Gravensteiner Äpfel
50 g Butter
5 EL Preiselbeeren
30 g Zucker
3 EL Weißwein

Bereiten Sie die Bratäpfel zu:
Kerngehäuse entfernen. Äpfel in eine gebutterte Pfanne geben, mit Preiselbeeren füllen und mit Zucker bestreuen. Butter in Flöckchen darauf verteilen, dann die Pfanne in den auf 260 Grad C vorgeheizten Ofen schieben. Diese hohe Temperatur ist notwendig, damit die Äpfel braten und nicht kochen. Kurz vor Beendigung der Garzeit den Weißwein zugeben, jedoch die Äpfel so lange im Ofen lassen, bis sich der Saft zu einer dickflüssigen Sauce entwickelt hat, die beim Anrichten über die Äpfel gegeben wird.

1 junge Gans ca. 2—2 1/2 kg
1 Apfel
1 geschälte Zwiebel
1 Zweig Beifuß
1/4 l Wasser
Salz

Bereiten Sie die Gans zu:
Gans salzen und mit dem halbierten Apfel, der Zwiebel und dem Beifuß füllen. Wasser in eine Pfanne gießen, die Gans hineinlegen und bei ca. 230 Grad C 1½ bis 2 Std. (je nach Alter) dämpfen. Währenddessen in kurzen Zeitabständen mit der Flüssigkeit begießen. Nach ca. 1 Std. die Oberhitze erhöhen und die Gans Farbe nehmen lassen. Wenn sie weich ist, herausnehmen, warmstellen (rasten lassen).

1/2 l brauner Fond

Vollenden Sie das Gericht:
Die Grießknödel in kochendem Salzwasser 15 bis 20 Min. kochen. Währenddessen das Fett aus der Bratpfanne abgießen. Zwiebel und Apfel aus der Gans nehmen und mit braunem Fond durchkochen lassen, dann passieren.

Zum Servieren:
Die Gans tranchieren und auf heißen Tellern mit den Grießknödeln anrichten. Bratäpfel zugeben, dann Fleisch und Bratäpfel mit deren Sauce nappieren.

Weinempfehlung: Hieronymus St. Laurent

Wildente in St.-Laurent-Sauce

Einkauf (für 4 Personen):

2 Wildenten
1/16 l Walnußöl
1 Karotte
2 Schalotten
1 kl. Stange Lauch
1 Stange grüner Sellerie
1 Petersilienwurzel
3 Champignons
1/2 Zweig Thymian
1/2 Zweig Rosmarin
2 Knoblauchzehen
2 Lorbeerblätter
6 Wacholderbeeren
12 Pfefferkörner
2 EL Tomatenmark
1—2 Flaschen St. Laurent

Bereiten Sie die St.-Laurent-Sauce zu:
Die Brüste von der Karkasse filieren, die Schenkel herunterschneiden. Alles beiseite legen. Die Karkassen zerkleinern und in einer schweren Kasserolle in Walnußöl gut anbraten. Das kleingeschnittene Wurzelwerk dazugeben und gut braun anrösten, Gewürze und Kräuter beifügen. Tomatenmark dazugeben und ebenfalls anrösten. Mit dem Wein langsam aufgießen und dann alles wieder einkochen lassen. Je öfter dieser Vorgang wiederholt wird, desto kräftiger wird die Sauce.
Sollte die Menge des Weines nicht ausreichen, öffnen Sie mit ruhigem Gewissen eine zweite Flasche, es schadet der Sauce nicht! Nun alles langsam auf die Hälfte einkochen und dann die Sauce durch ein feines Sieb in einen kleinen Topf seihen. Die in Walnußöl angebratenen Keulen langsam in dem Topf weichkochen. Diese Arbeitsvorgänge brauchen sehr viel Sorgfalt und Zeit.

Salz
Pfeffer
etwas Walnußöl
etwas Butter

Bereiten Sie nun die Brüstchen vor:
Die Brüstchen salzen und pfeffern und in Walnußöl rosa anbraten (in einer Stielpfanne). Dann die zugedeckten Brüstchen an einen warmen Ort stellen, um den Saft im Fleisch zu beruhigen.
Mit einem Stück Butter den Bratenrückstand von der Pfanne lösen und die Sauce dazu passieren. Alles bis zur Sämigkeit reduzieren. Zum Schluß mit der kalten Butter die Sauce nochmals aufmontieren.

60 g kalte Butter

Zum Servieren:
Die Brüstchen in feine Tranchen schneiden und auf einen Teller legen, die weichgedünsteten Keulen dazugeben und alles mit der Sauce überziehen. Geschnittene, in Butter angebratene Steinpilze darübergeben.

etwas Butter
200 g Steinpilze

Als Beilage Spinatnockerl servieren.
Bei der Wildente bereitet man die Brüstchen und Keulen separat. Die Brüstchen bleiben saftiger und geschmackvoller, wenn man sie nur brät und nicht wie die Keulen dünstet.

Weinempfehlung: St. Laurent, Ried Axpoint/Spitz

Anpatzer mit Laugengebäck

Einkauf (für 2 Personen):

1 EL sauren Rahm
40 g Achleitnerkäse
20 g Dolcella
20 g Topfen/Quark
30 g Camembert
20 g Butter
$^1/_2$ kl. Zwiebel

2 Radieschen
Schnittlauch
2 Mini-Laugenbrezen
2 Mini-Laugenlaibchen

Bereiten Sie die Zutaten vor:
Die Zutaten mit einer Kartoffelpresse durchdrücken. Den Sauerrahm und die gehackte Zwiebel dazurühren. Die Masse eine Stunde durchziehen lassen.

Zum Servieren:
Den Anpatzer mit Löffel auf die Tellermitte geben, Zwiebel und Schnittlauch darüberstreuen.
Mit den Radieschen garnieren und das Laugengebäck dazulegen.

Weinempfehlung: Dürnsteiner Rose „1805"

Apfelnockerl mit Mohn und Marillenschaum

Einkauf (für 4 Personen):

80 g Butter
2 Eier
400 g Topfen/Quark
250 g Weißbrot
2 EL Sauerrahm
120 g Mehl
6 mittlere säuerliche Äpfel, Salz, Zitronenschale, Zitronensaft, Vanillezucker

Bereiten Sie die Nockerlmasse:
Vermischen Sie Butter und Eier, geben Sie den Topfen dazu und treiben alles gut ab, lassen Sie den Teig etwas ruhen. Inzwischen entrinden Sie das Weißbrot und schneiden es in kleine Würfel. Diese geben Sie mit Sauerrahm, Mehl, Salz, Zitronenschale, etwas Zitronensaft, Vanillezucker und den vorher geschälten und geriebenen Äpfeln zu dem Teig, vermischen alles gut und lassen dies eine halbe Stunde rasten.

Mohn
Butter
Zucker

So formen Sie die Nockerl:
Stechen Sie mit einem Löffel gleichgroße Nockerl aus und lassen diese 10 Minuten im Salzwasser leicht kochen (den Topf nicht zudecken).
Vorsichtig in ein Sieb schütten und abtropfen lassen.
Vermischen Sie den Mohn mit zerlassener Butter und Zucker und gießen Sie dies über die Nockerl.

Marillenmarmelade
1 TL Marillenbrand

Bereiten Sie den Marillenschaum zu:
Rühren Sie die hausgemachte Marillenmarmelade mit einem Teelöffel Marillenbrand mit dem Pürierstab schaumig.
Richten Sie die Nockerl mit dem Marillenschaum an.

Weinempfehlung: Grüner Veltliner Auslese, Ried Achleiten (eine der besten Steinterrassenanlagen in Weißenkirchen)

Böhmische Dalken

Einkauf (für 4 Personen):

125 g Mehl
10 g Hefe
20 g Zucker
15 g Butter
1,4 l Milch
1 Ei, 1 Eigelb
Schnee von 2 Eiweiß

Machen Sie den Dampfl und den Germteig:
Mehl in eine Schüssel geben, in der Mitte eine Grube machen, etwas lauwarme Milch mit Hefe verrühren und in das Mehl dickflüssig einrühren, ca. 10 Minuten rasten lassen. Dampfl, Salz, zerlassene Butter, lauwarme Milch und Zucker kurz verrühren und ca. eine Stunde rasten lassen. Kurz vor dem Herausbraten das geschlagene Eiweiß unterziehen, dann langsam in einer Dalkenpfanne herausbraten.

2 Eier, 100 g Zucker
Schale von einer Orange
500 g Topfen/Quark
2 Eiweiß

Bereiten Sie die Topfencreme zu:
Eier und Zucker schaumig rühren, geriebene Orangenschale und Topfen unterrühren und zuletzt das geschlagene Eiweiß unterziehen.

400 g Preiselbeeren
150 g Zucker

Machen Sie das Preiselbeeren-Konfit:
Die Preiselbeeren (man kann auch Heidelbeeren oder Weichseln nehmen) mit Zucker kurz aufkochen.

Zum Servieren:
In die Mitte des Tellers eine Dalke geben, darauf etwas vom Preiselbeer-Konfit, wiederum eine Dalke, darauf einen Löffel von der Topfencreme und gratiniert das Ganze kurz unterm Salamander oder Grill.

Weinempfehlung: Grüner Veltliner Eiswein, Ried Kellerberg, Dürnstein

Gefüllte Trauben auf Mangopüree

Einkauf (für 5 Personen):

50 große Trauben
2 reife Mangos
50 g Zucker
70 g geriebene Nüsse
1 cl Veltliner-Brand

Bereiten Sie die Zutaten vor:
Trauben an beiden Enden etwas abschneiden, aushöhlen und entkernen. Aus Zucker, geriebenen Nüssen, etwas Wasser und dem Weinbrand eine Nußfülle bereiten. Die Mangos schälen und pürieren, bei Bedarf etwas nachzuckern.

5 Minzeblätter

Zum Servieren:
Das Mangopüree auf den Teller gießen, die Trauben mit der Nußfülle (Spritzsack) füllen und in Traubenform auf dem Mangospiegel anrichten. Mit einem Minzblatt garnieren und servieren.

Dieses Dessert schmeckt nicht nur sehr gut, sondern es sieht auch sehr hübsch aus, und bei entsprechender Vorbereitung ist es auch sehr schnell zubereitet.
An Stelle des Mangopürees kann man natürlich auch Erdbeeren, Marillen und jedes andere dazupassende Fruchtpüree verwenden.

Weinempfehlung: Dürnsteiner Auslese, Müller-Thurgau

Gratin von Wachauer Marillen

Einkauf (für 2 Personen):

6 Marillen (Aprikosen), etwas Weißwein, 1 EL Zucker, etwas Wasser

Bereiten Sie die Marillen zu:
Die Marillen entsteinen und in einem Fond aus Weißwein, Zucker und Wasser pochieren. Dann sofort enthäuten.

2 Eigelb
1 EL Zucker,
4 cl süßer Wein (Auslese)

Bereiten Sie das Sabayon zu:
Das Eigelb mit Zucker und dem Weißwein über einem Wasserbad aufschlagen, wegstellen und dann kaltschlagen.

frische Minzeblätter

Zum Servieren:
Die Marillen auf einem Teller hübsch anrichten, das Sabayon darübergießen und das Ganze im Backrohr bei hoher Oberhitze 2—3 Minuten überbacken. Mit etwas frischer Minze garnieren.

Weinempfehlung: Dürnsteiner Auslese, Müller-Thurgau

Grießauflauf mit Erdbeersauce

Einkauf (für 10 Personen):

1/2 l Milch
1 Vanillestange
100 g Butter
100 g Grieß
60 g flüssiges Eiweiß
8 Eigelb
140 g Zucker

Machen Sie den Auflauf:
Die Milch mit Vanille, Butter und Grieß aufkochen lassen, den Topf beiseite stellen und das flüssige Eiweiß und das Eigelb einrühren. Nun Eiweiß und Zucker steif schlagen und das Ganze vorsichtig vermengen. Dann die Auflaufmasse in kleine gebutterte und mit Grießzucker ausgestreute Auflaufförmchen füllen. Anschließend die Förmchen ins Wasserbad und dieses ins Backrohr stellen. Bei 80 Grad Wassertemperatur ist der Auflauf in 30 Minuten fertig.

500 g Erdbeeren
1/8 l Auslese
1/8 l Riesling

Bereiten Sie die Erdbeersauce zu:
Die Erdbeeren und den Wein in den Mixer geben und das Ganze mixen. Anschließend die Sauce passieren.

100 g Erdbeeren

Zum Servieren:
Die Sauce auf den Teller setzen und den Auflauf darauf stürzen. Mit Erdbeerhälften garnieren.

Weinempfehlung: Dürnsteiner Muskat Ottonel

Limetten-Gratin mit Sultaninenbutter

Einkauf (für 6 Personen):

130 g Limettensaft
30 g Joghurt
50 g Créme fraîche
3 Eigelb
60 g Zucker
feingehackte Zesten von einer Limette
einige feingehackte Basilikumblätter
3 Eiweiß
80 g Zucker
einige Himbeeren

Bereiten Sie den Limetten-Gratin zu:
Limettensaft, Joghurt, Zucker und Zeste auf 2/3 einkochen, mit dem Eigelb über Dunst schlagen, bis die Masse eine luftig-feste Konsistenz hat. Kalt schlagen und danach die restlichen Eiweiß mit dem verbleibenden Zucker zu Schnee schlagen und mit dem gehackten Basilikum und Crème fraîche unter die Grundmasse heben. Das fertige Mousse in einen befetteten Ausstecher mit einem Durchmesser von ca. 10 cm, den man auf einen Teller setzt, füllen und im Rohr bei ca. 280 Grad Celsius überbacken. Den Ring abziehen und mit Sultaninenbutter und Himbeeren servieren.

80 g Sultaninen
1/4 l Dürnsteiner Auslese, Müller-Thurgau
100 g Butter

Machen Sie die Sultaninenbutter:
Sultaninen in Weißwein zwei Stunden quellen lassen und etwas einkochen. Mit Butter montieren.

Weinempfehlung: Dürnsteiner Beerenauslese, Müller-Thurgau

Liwanzen mit Powidl

Einkauf (für 2 Personen):

2 Erdbeeren
2 Minzeblätter
100 g Powidl (Pflaumenmus)

Bereiten Sie die Zutaten vor:
Waschen Sie die Erdbeeren.

125 g Mehl, 10 g Hefe, 20 g Zucker
15 g Butter, 1/4 l Milch, 1 Ei
1 Eigelb, geriebene Zitronenschale, Salz

Bereiten Sie den Liwanzen-Teig:
Die Hefe in etwas warmer Milch auflösen.
Die Zutaten mit der restlichen Milch vermengen. Butter zerlassen und beigeben, die aufgelöste Hefe dazurühren, den Teig eine Stunde gehen lassen. Den Teig in die Dalkenpfanne füllen und im Rohr 4 Stück goldbraune Liwanzen backen.

Schlagsahne/Obers
100 g Powidl

Zum Servieren:
Den Powidl erhitzen und dann teilen. Die Hälfte mit Wasser verdünnen. Davon einen Eßlöffel in die Tellermitte geben, eine Liwanze darauflegen. Einen Eßlöffel festeren Powidl daraufgeben. Die zweite Liwanze daraufsetzen. Obenauf einen Tupfer Powidl geben.
Die Erdbeeren halbieren und neben die gefüllte Liwanze legen. Die Sahne/Obers schlagen und daneben setzen. Auf den Schlagobers das Minzeblatt legen.

Dies ist ein altes böhmisches Rezept und sehr dekorativ.

Getränkeempfehlung: Dürnsteiner Glöger-Reserve

Mohnsoufflé mit Zwetschkensauce

Einkauf (für 8—10 Personen):

50 g ungehärtete Pflanzenmargarine
60 g Weizenvollmehl fein
3 dl Milch
40 g Honig
5 Eigelb
1 TL Vanilleschote gemahlen
2 cl Kirsch oder Rum
40 g geriebenen Mohn
6 Eiweiß
40 g Ahornsirup

80 g Dörrzwetschken
60 g Honig oder Birnendicksaft
2 cl Rum
1/4 l Wasser
1/2 TL gemahlener Zimt

Bereiten Sie das Mohnsoufflé:
Aus Margarine und Weizenvollmehl eine Mehlschwitze bereiten und erkalten lassen. Milch, Honig und Vanille zum Kochen bringen und über die Mehlschwitze gießen, bis die Masse glatt ist. Geriebenen Mohn beigeben. Erneut auf das Feuer stellen, unter ständigem Rühren aufkochen, sodann die Masse wieder vom Feuer nehmen. Das Eigelb unterrühren und nach kurzem Abkühlen den Rum beifügen. Das geschlagene Eiweiß sehr locker und sorgfältig darunterziehen. Die Soufflémasse in eine mit Butter und Weizenvollmehl ausgeschlagene Form ¾ hoch einfüllen und bei mäßiger Hitze (120 Grad Celsius) ca. 25 Minuten im Rohr backen. Nach dem Herausnehmen sofort servieren.

Machen Sie die Sauce:
Die Zutaten zusammen 7 Minuten kochen und heiß im Mixer pürieren.

Weinempfehlung: Riesling Spätlese, Ried Achleiten, Weißenkirchen

Parfait Glöger-Reserve 1986

Einkauf (für 6 Personen):

3 Eigelb
1 Ei
80 g Zucker
1/2 Vanilleschote (Mark)
40—50 g Glöger-Reserve
200 g Obers/Sahne

Bereiten Sie das Parfait:
Die drei Eigelb, Ei, Mark der Vanilleschote und Zucker warm über Dunst aufschlagen, dann im Mixer kalt rühren. 200 g Obers/Sahne aufschlagen und mit der erkalteten Masse vorsichtig vermengen, Glöger-Reserve dazugeben, vermischen, in kleine Formen geben und ca. 12 Stunden tiefkühlen.

So richten Sie an:
Die Formen außen kurz unter den laufenden Wasserhahn halten, damit sich innen das Parfait zu lösen beginnt, dann auf einen kalten Teller stürzen und servieren.

Weinempfehlung: Grüner Veltliner Steinfeder, Ried Heizenleithen

Rhabarbercharlotte in Minzcreme

Einkauf (für 10 Personen):

5—7 Stangen Rhabarber
2 1/2 Blatt Gelatine
2 Eigelb
30 g Kristallzucker
30 cl Sahne/Obers
1 Packung Biskotten

Bereiten Sie die Rhabarbercharlotte zu:
Ca. 50 cl kleingeschnittenen Rhabarber mit ganz wenig Wasser weichkochen. Je nach Säuregehalt zuckern und mixen. Gelatine zuerst in kaltem Wasser weich werden lassen und dann mit 3 cl Wasser oder mit Rhabarbersaft erwärmen. Die Eigelb mit dem Zucker in einem kleinen Geschirr schaumig rühren. Die Sahne/Obers schlagen. Danach das kalte Rhabarberpüree zu den schaumig gerührten Eigelb geben sowie die warme Gelatine, zum Schluß die Schlagsahne unterziehen.
Die Tassen mit Biskotten auskleiden und die Masse einfüllen — kaltstellen.

1/4 l Milch
5 cl Sahne/Obers
3 Eigelb
50 g Zucker
Minze gehackt

Machen Sie die Minzcreme:
Milch und Sahne/Obers aufkochen. Die Eigelb mit dem Zucker und der Minze schaumig rühren, zur Milch beimengen und auf 78 Grad Celsius kochen. Anschließend sofort in ein kaltes Gefäß und in ein kaltes Wasserbad stellen.

Rhabarberstücke

Zum Servieren:
Die Rhabarbercharlotte auf ein Blech oder einen Teller stürzen. Die Minzcreme auf einen Teller geben — Rhabarbercharlotte daraufsetzen und mit Rhabarberstücken garnieren.

Weinempfehlung: Dürnsteiner Auslese, Müller-Thurgau

Rhabarbersulz mit Erdbeeren auf Mandelschaum

Einkauf (für 8 Personen):

400 g Rhabarber
100 g Erdbeeren
50 g Mandeln

Bereiten Sie die Zutaten vor:
Den Rhabarber abziehen und in Stücke von ca. 4—5 cm schneiden. Die Erdbeeren vierteln.
Die Mandeln kurz aufkochen lassen und die Schale abziehen.

1/4 l Wasser
60 g Zucker
2 Blatt Gelatine
2 cl Portwein
etwas Zitronensaft

Bereiten Sie die Sulz zu:
Das Wasser mit dem Zucker und dem Zitronensaft zum Aufkochen bringen und den Rhabarber kurz darin blanchieren. Auslegen. Die eingeweichte Gelatine im Portwein auflösen. 1/8 l von dem Rhabarberfond abnehmen und die Portwein-Gelatine dazugeben. Den Rhabarber mit den Erdbeeren in eine Form legen und mit dem Fond übergießen. Kaltstellen.

1/4 l Obers/Sahne
50 g Zucker
2 EL Mandellikör

Bereiten Sie den Mandelschaum zu:
Den Schlagobers nicht zu stark ausschlagen, nur leicht anschlagen, den Zucker, die gestiftelten Mandeln und den Mandellikör dazugeben.

Zum Servieren:
Den Mandelschaum auf Teller verteilen. Die Sulz stürzen und in ca. 1—2 cm breite Tranchen schneiden, diese auf den Schaum legen. Nach Belieben mit Erdbeeren und Mandelstiften garnieren.

Weinempfehlung: Dürnsteiner Beerenauslese, Müller-Thurgau

Topfenstrudelkuchen mit Marillen und Marillensauce

Einkauf (für 6 Personen):

250 g Mehl
30 g Öl
ca. 100 g Wasser
Salz
Butter zum Bestreichen

Machen Sie den Strudelteig:
Mehl auf eine Arbeitsplatte sieben. In eine Vertiefung in der Mitte Öl und Salz geben. Nach und nach Wasser zugeben und den Teig so lange bearbeiten, bis er die richtige Konsistenz hat. Nachdem er ½ Stunde geruht hat, muß der Teig geschmeidig sein und sich unproblematisch „ausziehen" lassen.

100 g Butter
35 g Staubzucker
Vanille, Salz
Zitronenschale gerieben, 4 Eigelb
350 g Topfen/Quark (10 %), 3 Eiweiß
70 g Kristallzucker
50 g Mehl
250 g Sauerrahm

Bereiten Sie die Topfenmasse vor:
Die weiche Butter mit Staubzucker, Vanille und abgeriebener Zitronenschale schaumig rühren. Den Topfen passieren. Abwechselnd Topfen und Eigelb zu der schaumigen Butter geben. Eiweiß mit Kristallzucker zu steifem Schnee schlagen und unter die Topfenmasse heben; gleichzeitig Mehl und Sauerrahm zugeben.

200 g Marillen, geviertelt
Butter

Bereiten Sie den Strudel zu:
Strudelteig „ausziehen", mit flüssiger Butter bestreichen und die Topfenmasse auf ein Drittel des Teiges aufstreichen. Die geviertelten Marillen darauf verteilen und den Teig einrollen. Eine entsprechende Backform buttern, die Strudelrolle hineinlegen und bei 190 Grad Celsius ca. 1 Stunde im Ofen backen.

300 g Marillen
3 EL Wasser
90 g Zucker
80 g Weißwein
1/3 Zimtstange

Machen Sie die Marillensauce:
Für die Sauce die Marillen mit den Zutaten langsam zu einem Püree verkochen. Passieren und bis zum Anrichten kaltstellen.

Zum Servieren:
Den fertigen Strudelkuchen aufschneiden, mit Staubzucker stäuben und auf warmen Tellern anrichten. Mit der Sauce und halbierten Marillen dekorativ anrichten.

Weinempfehlung: Riesling Spätlese, Ried Achleiten, Weißenkirchen

Trauben-Apfel-Gratin mit 15jährigem Glöger-Brand

Einkauf (für 4 Personen):

200 g Trauben
2 Äpfel, Zimt
Zucker, gehackte Walnüsse, 100 g geröstete Mandelscheiben, 150 g Marzipan, 8 cl 15jähriger Glöger-Brand

Bereiten Sie den Gratin vor:
Die Trauben schälen und entkernen. Die Äpfel schälen, entkernen und zündholzartig schneiden. Eine feuerfeste Auflaufform buttern, die Trauben und Äpfel darin verteilen, Mandelscheiben, Walnüsse, Zimt, Zucker und Vanille darüberstreuen und mit dem Glöger-Brand übergießen. Marzipan hobeln und ebenfalls darüberstreuen.

100 g Butter
100 g Zucker
100 g Mehl
Sahne/Obers

Vollenden Sie den Gratin:
Kalte Butter und Zucker verbröseln und mit dem Mehl verarbeiten. Dan soviel Sahne/Obers einarbeiten, daß der Teig streichfähig (nicht flüssig) wird.
Über Trauben und Äpfel verstreichen. Im Rohr bei 200 Grad Celsius überbacken.

Nach Belieben sauren Rahm dazu servieren.

Weinempfehlung: Dürnsteiner Auslese, Müller-Thurgau

Wachauer Marillenomelette

Einkauf (für 4 Personen):

Bereiten Sie die Masse zu:

50 g Butter, 50 g glattes Mehl, 1/4 l Milch, 5 Eigelb, 5 Eiweiß, 50 g Feinkristallzucker, 1 Prise Salz, etwas geriebene Zitronenschale, 2 cl Marillenbrand

Die Butter schmelzen und das Mehl beigeben. Die heiße Milch einrühren und so lange weiterrühren, bis sich die Masse vom Geschirr löst. Eigelb, Vanillezucker, Marillenbrand, geriebene Zitronenschale und Salz untermengen. Eiweiß und Zucker zu steifem Schnee schlagen und diesen unter die Masse ziehen.

Kochen Sie die Fülle:

50 g ger. Walnüsse, 1/8 l Schlagsahne/-obers, 20 g Zucker

Alle Zutaten in eine Stiel-Kasserolle geben und zu einer sämigen Konsistenz kochen.

Bereiten Sie den Überguß vor:

100 g hausgemachte Marillenmarmelade passiert

Die hausgemachte Marillenmarmelade mit etwas Wasser oder Läuterzucker verdünnen und einmal aufkochen.

Backen Sie die Omeletten:

60 g Butter

Die Butter erhitzen. Die Masse jeweils fingerhoch einfüllen. Am Herd oder im Rohr auf jeder Seite jeweils 6 Minuten langsam backen.

Vollenden Sie die Mehlspeise:

0,15 l Schlagsahne/-obers
etwas Marillenbrand

Die Omeletten mit Nußfülle bestreichen und diese zusammenklappen. Auf Tellern anrichten und die Omeletten mit heißer Marillenmarmelade überziehen. Die geschlagene Sahne mit Marillenbrand vermengen und das Gericht damit garnieren.

Weinempfehlung: Dürnsteiner Hollerin Riesling

Walderdbeercreme mit Müller-Thurgau-Schaum

Einkauf (für 8 Personen):

Bereiten Sie die Creme zu:

4 Eier
4 EL Zucker
150 g pürierte Walderdbeeren
175 g Sahne/Obers
4 Blatt Gelatine

In einem Schneekessel über Dampf die Eier mit dem Zucker schaumig schlagen, bis sich der Zucker aufgelöst hat. Dann die Masse kalt schlagen, bis sie steif ist. Die pürierten Walderdbeeren und die steifgeschlagene Sahne/Obers mit der aufgelösten Gelatine darunterheben.

Die Masse in kleine Formen füllen und zum Festwerden in den Kühlschrank stellen.

Bereiten Sie den Schaum:

3 Eigelb, 1/4 l Müller-Thurgau, Spätlese oder Auslese

Die Eigelb mit der Spätlese im Schneekessel über Dampf steifschlagen.

Zum Servieren:

300 g frische Walderdbeeren

Die Creme auf einen flachen Teller stürzen, die Walderdbeeren um die Creme geben und den Weinschaum darübernappieren.

Weinempfehlung: Dürnsteiner Auslese, Müller-Thurgau

Warme Topfentimbale mit Früchten und Himbeersauce

Einkauf (für 8 Personen):

200 g Topfen/Quark
40 g Eigelb
12 g Staubzucker
24 g Vanillecremepulver
60 g Milch
100 g Sauerrahm
1 Vanilleschote
Salz
Schale und Saft einer halben Zitrone
68 g Eiweiß
16 g Zucker
zerlassene Butter
etwas Grießzucker

Bereiten Sie die Masse zu:
Topfen, Eigelb, Staubzucker, Vanillecremepulver, Milch, Sauerrahm, Mark einer Vanilleschote, Salz, Saft und Schale einer halben Zitrone mit Schneebesen glattrühren.
8 Timbaleformen mit zerlassener Butter ausfetten und mit Grießzucker ausstreuen.
Eiweiß mit Zucker zu Schnee schlagen und unter die Topfenmasse ziehen, dann 3/4hoch abfüllen.

Pochieren Sie die Timbales:
Eine dementsprechend große Kasserolle mit Küchenpapier auslegen, 2 cm hoch heißes Wasser eingießen und die gefüllten Timbales 25 Minuten bei 180 Grad Celsius pochieren. Nicht kochen!

250 g Himbeeren
100 g Zucker
1 EL Himbeerbrand

Machen Sie die Himbeersauce:
Die Himbeeren mit Zucker 10 Minuten langsam kochen und dann kernlos passieren. Erkalten lassen, mit Himbeerbrand parfümieren.

Verschiedene Früchte der Saison

Während der Pochierzeit:
Bereiten Sie Früchte zu. Zum Beispiel zwei Erdbeeren, zwei Kiwischeiben, Himbeeren, Birnenspalten, Heidelbeeren, Orangenfilet, Pfirsichspalten usw. Achten Sie auf die Farbzusammenstellung!

Pfefferminzblätter

Zum Servieren:
Die Himbeersauce zu einem Ring auf Teller gießen. Die Früchte auf der Sauce anrichten und die heißen Timbales in die Mitte des Tellers setzen.
Einen Teelöffel Sauce über die Topfentimbale geben und mit einem Pfefferminzblatt garnieren. Wenige Sekunden vor dem Servieren mit Puderschnee bestauben.

Weinempfehlung: Dürnsteiner Auslese, Müller-Thurgau

Weinhauerpalatschinke

Einkauf (für 5 Personen):

4 große Äpfel, 4 EL Zucker, Saft einer Zitrone, Zimtrinde Gewürznelken

Bereiten Sie das Apfelmus zu:
Schälen Sie die Äpfel, zerkleinern Sie sie und dünsten Sie die Äpfel mit dem Zucker, der Zimtrinde und den Gewürznelken, je nach Apfelsorte gießen Sie etwas Wasser dazu.

50 g Nüsse
10 g Butter

So bereiten Sie die Nüsse vor:
Die Nüsse grob hacken und mit der Butter anrösten.

1/4 l Milch
2 Eigelb
Salz, Mehl nach Bedarf.

Bereiten Sie die Palatschinken zu:
Milch, Eigelb, etwas Salz und Mehl verrühren, und aus dem Teig kleine Palatschinken herausbacken. Diese warmstellen.

1/8 l Veltliner
3 EL Zucker
3 Eigelb

Bereiten Sie das Weinchaudeau zu:
Wein, Zucker und Eigelb im warmen Wasserbad aufschlagen.

Zum Servieren:
Füllen Sie die Palatschinken mit dem Apfelmus und den Nüssen, schlagen Sie sie zusammen und übergießen Sie mit dem Weinchaudeau.

Mit heißer Schokolade und Preiselbeeren verzieren.

Weinempfehlung: Dürnsteiner Muskat Ottonel

Wir danken nachstehenden Damen und Herren, daß sie uns Rezepte und persönliche Tips für dieses Buch unter besonderer Berücksichtigung der Weine der W. G. „Wachau" zur Verfügung stellten.

Cäcilia Brandstätter
Brunn, 5330 Fuschl

Geräucherte Gänsebrust mit Melone
Roulade von Lachs und Hechtmousse im Brennesselblatt in Rieslingsauce
Gefüllte junge Taube mit Pilzen

Herti Dannerbauer
Dannerbauer, 4070 Eferding

Pochierter Waller mit Weißweinsauce und Kerbel

Herbert Diabl
Brandstätter, 5020 Salzburg

Kalbsbries in Rahmsauce mit Spinatnudeln

Eduard Ellinger
Rauter, 9971 Matrei

Junger Spargel mit Wachteleiern in Kräutersauce
Pochierte Forellenfilets mit Brennnesselsauce und Kipfler
Nüßchen vom Kitz mit Zitronenmelisse und Frühlingsgemüse

Karl E. Eschlböck
Plomberg, 5310 Mondsee

Parfait Glöger-Reserve

Helga Figl-Kraus
Am Förthof, 3500 Krems

Brennesselschlutzkrapfen mit Schafkäse
Mohnsoufflé mit Zwetschkensauce

Reinhard Gerer
Korso (Bristol), 1010 Wien

Aal in Riesling
Wachauer Gänsebraten mit Bratapfel und Grießknödel
Topfenstrudelkuchen mit Marillen und Marillensauce

Gertrude Gußmack
Zum Kleinhapl, 8580 Köflach

Kalbsbriesragout mit Pilzen
Junges Kaninchen auf Gemüsenudeln
Fasanenbrust auf Weinkraut
Schweinskarree mit Knoblauch-Kümmel-Sauce und Krautstrudel

Günter W. Hager
Allegro, 4021 Linz

Gänselebertrauben in Dürnsteiner Auslese
Ragout vom Stallkaninchen mit Morcheln in Glöger-Reserve
Gefüllte Trauben auf Mangopüree

Ernst Huber
Zoll, 6900 Bregenz

Spargelsalat mit gebeiztem Felchenkaviar und Kräuterrührei
Zanderfilet in der Sauce von roten Paprikaschoten gratiniert
Gebratene Entenstopfleber mit Zwiebelkompott

Josef Illinger
Sheraton, 5020 Salzburg

Flußkrebse in Roggenteigtascherl
Hirschrückenröllchen auf Morchelragout mit glacierten Preiselbeeren und Schwarzplentennudeln

Edeltraud Jamek
Jamek, 3610 Joching/Weißenkirchen

Schweinskotelett mit Koriandersauce und Sauerkrautpalatschinke
Apfelnockerl mit Mohn und Marillenschaum

Rudolf Kellner
Altwienerhof, 1150 Wien

Gänseleberschaumrolle
Backhuhn

Georg Kogler
Bär & Tyrol, 6352 Ellmau

Gefüllte Lammherzen auf Kohlgemüse
Steinbuttfilet mit Austernsauce auf Blattspinat

Karl Köstlinger
Schneider Almhof, 6764 Lech

Gebeizte Lachsforelle mit warmen Erdäpfelplätzchen und Dillsauce.
Eglifilet vom Bodensee auf Zucchini und brauner Butter.
Ausgelöste Lammstelze mit kleinem Gemüse und Erdäpfelschmarrn.
Warme Topfentimbale mit Früchten und Himbeersauce

Gustav Lugerbauer
Weisses Kreuz, 5310 Mondsee

Salat aus Kalbskutteln in Estragon-Riesling-Vinaigrette
Gekochter Kalbskopf in Krensauce
Gratin von Wachauer Marillen

Anna Mandl
Florianihof, 3610 Weißenkirchen-Wösendorf

Riesling-Sylvaner-Cremesuppe
Rindsbraten in Rotwein gebeizt
Weinhauerpalatschinke

Werner Matt
früher Prinz Eugen (Hilton) jetzt Direktor der Imperial-Gruppe, Wien

Gefüllte Hühnerbrust mit Lauch
Kalbsmedaillons mit Zitronenmelisse, Estragon und Kerbel

Johann Neuhofer
Schafelner, 3350 Stadt Haag

Entenleberparfait mit Ribiselsauce
Grießauflauf mit Erdbeersauce

Karl u. Rudolf Obauer
Lebzelter, 5450 Werfen

Steinpilzparfait
Rhabarbercharlotte in Minzcreme

Helmut Österreicher
Steirereck, 1030 Wien

Lachsschnitte unter einer Teigkruste in Riesling
Limetten-Gratin mit Sultaninenbutter

Herbert Parcz
Purkarthofer, 8072 Fernitz

Karpfensülze auf Vogerlsalat
Kresserahmsuppe mit Wachtelei
Spanferkelrücken auf Kümmelglace mit gratinierten Kartoffeln

Ewald Plachutta
Zu den 3 Husaren, 1010 Wien

Cremesuppe von jungen Brennesseln mit Eistichscheiben
Beiried in Weinblättern gebraten
Wachauer Marillenomelette

Herbert Pöcklhofer
Goldener Hirsch, 5020 Salzburg

Mousse vom geräucherten Wolfgangsee-Saibling mit Sauerrahmsauce
Anpatzer mit Laugengebäck
Liwanzen mit Powidl

Hermine Raß
Sir Richard, 6100 Seefeld

Salat vom Kalbsbries auf Kerbelsauce
Medaillons vom Seeteufel mit Lauch

Gerda Schickh
Schickh, 3511 Klein Wien

Kalbsleber mit Lauch

Rudolf Schmölz
Mattes, 1010 Wien

Pochiertes Zanderfilet auf Schnittlauchsauce
Kaninchen-Filet in Strudelteig mit Maiscrêpes und Rotkraut

Sissy Sonnleitner
Kellerwand, 9640 Kötschach-Mauthen

Perlhuhnbrust mit Kräutern gefüllt in Rosmarinschaum und Sesamkücherl
Rhabarbersulz mit Erdbeeren auf Mandelschaum

Elmar Steinberger
früher La Cave, Kitzbühel, jetzt Postillion, 6345 Kössen

Stangensellerie mit warmer Schnittlauchvinaigrette
Lammrückenfilet in Senfsaat gebraten

Alfred Süssenbacher
Bleibergerhof, 9530 Bad Bleiberg

Tartare vom Wildlachs
Medaillon vom Haushasen auf Estragonrahm und grünem Spargelsoufflé
Waller in Krenrahm

Balthasar Thaler
Brunnenhof, 7664 Lech

Nüßchen vom Hirschkalb mit Weichseln und kleinen Zwiebeln

Josef Unterberger
Unterberger, 6370 Kitzbühel

Rote Schlutzkrapfen
Lammfilet im Spinatmantel
Böhmische Dalken

Lisl Wagner-Bacher
Bacher, 3512 Mautern

Gänsestopfleber auf Nudelblatt mit Sauce von Müller-Thurgau
Kalbsmedaillons überbacken in St.-Laurent-Sauce
Trauben-Apfel-Gratin mit 15jährigem Glöger-Brand

Otto Wengler
Arcade, 5761 Maria Alm

Veltliner Käsesuppe
Waller auf Spargelragout
Wildente in St.-Laurent-Sauce
Waldbeercreme mit Müller-Thurgau-Schaum

Empfehlenswerte Restaurants und Hotels

Aggsbach-Markt: Hotel-Restaurant POST (Reitter)

Dürnstein: Hotel-Restaurant SCHLOSS DÜRNSTEIN*
Hotel-Restaurant RICHARD LÖWENHERZ*
Gartenhotel-Restaurant PFEFFEL
Gasthof-Restaurant SÄNGER BLONDEL*

Emmersdorf: Gasthof-Restaurant ZUM SCHWARZEN BÄREN

Furth — Klein-Wien: Pension-Spezialitätenrestaurant SCHICKH*

Joching: Restaurant PRANDTAUERHOF*
Weingut-Restaurant JAMEK*

Krems (Donaulände): Gourmet-Hotel-Restaurant AM FÖRTHOF*
Heuriger HAMBÖCK (Krems-Stein)

Mautern: Hotel-Restaurant (Landhaus) BACHER*
Weingut NIKOLAIHOF (Christine Saaß)*

Mauternbach: Restaurant SIEDLER

Mühldorf (bei Spitz): BURG OBERRANNA (Hotel und Ferienwohnungen)*

Rossatz: Gasthof-Pension-Restaurant ZUR WACHAU
Hotel-Restaurant Angela NAUMANN

Rossatzbach: Hotel-Restaurant Rath

Spitz: Gasthof-Restaurant CIHAL
Hotel-Restaurant NEUE WELT
Hotel-Restaurant WACHAUERHOF*
Hotel Garni ULRIKE
Frühstückspension HAUS BURKHARDT
Frühstückspension ZUR ALTEN MÜHLE und MÜHLENKELLER*
Frühstückspension 1000-EIMER-BERG
Restaurant Christines WEINLÖCHL*

Unterloiben: Restaurant LOIBNERHOF (Knoll)*

Weißenkirchen: Hotel-Restaurant DONAUHOF
Restaurant KIRCHENWIRT (Köck)*
Frühstückspension RAFFELSBERGERHOF*

Wösendorf: Restaurant FLORIANIHOF*

---

*Beschrieben und bewertet im Gault-Millau Österreich

Diese Zusammenstellung erhebt keinen Anspruch auf Vollständigkeit.

Die Autoren:

Wilhelm Schwengler,
Direktor der Winzergenossenschaft Domäne Wachau und Wachauer Landschaftsmaler, kämpft um die Erhaltung der Kultur- und Naturlandschaft Wachau im Rahmen der Vorstandsgremien der Vereine: Arbeitskreis zum Schutz der Wachau, Vinea Wachau nobilis Districtus und Gesellschaft der Freunde Dürnsteins. Lebt in Dürnstein.

Christoph Wagner,
Schriftsteller und Restaurantkritiker, zahlreiche Bücher über kulturhistorische Themen. Lebt in Wien und Linz.

Hans-Peter Kumpa,
Fotograf, Schwerpunkt: Motorsport und kulinarische Themen. Bildautor eines Standardwerks über Heurigen. Lebt in Perchtoldsdorf

Michael Reinartz,
Herausgeber des Guide Gault-Millau Österreich seit 1980; lancierte in der Folge die Guides Deutschland und Schweiz, die Guides Toscana und Frankreich (deutsche Ausgabe) sowie das „Gault-Millau-Kochbuch für Zuhause“. Lebt bei Salzburg.

Herausgeber: Michael Reinartz (Gault-Millau)
Redaktion: Christoph Wagner
Lektorat Rezepte: Barbara Köszegi
Farblithos: Repro-Studio, Salzburg
Satz, Druck, Bindung: LANDESVERLAG Ges.m.b.H., Linz

ISBN 3-9005-7607-6